한 번만 읽으면 확 잡히는

영어 (상) 고등학교 편

유동익 지음

한언

한 번만 읽으면 확 잡히는 영어 (상) 고등학교 편

펴 냄	2007년 2월 28일 1판 1쇄 박음 | 2007년 8월 15일 1판 2쇄 펴냄
지은이	유동익
펴낸이	김철종
펴낸곳	(주)한언
	등록번호 제1-128호 / 등록일자 1983. 9. 30
주 소	서울시 마포구 신수동 63-14 구 프라자 6층(우 121-854)
	TEL. 02-701-6616(대) / FAX. 02-701-4449
책임편집	양춘미 cmyang@haneon.com
디자인	김신애 sakim@haneon.com
캐릭터	최지안 jachoi@haneon.com
홈페이지	www.haneon.com
e-mail	haneon@haneon.com

저자와의 협의하에 인지생략

ISBN 978-89-5596-411-0 03740

한 번만 읽으면 확 잡히는

영어 (상) 고등학교 편

Better late than never.

전 여러분을 진심으로 응원합니다.

To

From

이 책을 공부하는 여러분들께

어렵다고 생각했던 영문법을
한 번만 읽고 확 잡을 수 있습니다.

지금 시중에는 많은 영어 책들이 범람하고 있어서 정말로 나에게 적절한 책은 무엇인지 구별하는 것도 여간 어려운 일이 아닙니다. 더구나 영어는 열심히 공부했더라도 얼마간의 시간이 지나면 금방 잊어버리기 쉽죠?

저도 많은 고통 속에서 영어를 공부해왔습니다. 또 현재까지도 그러한 고통을 계속하고 있다고 생각해요. 대학원과정을 이수하면서 저는 어떻게 하면 이 어려운 영어를 남의 도움 없이도 완벽하게 알 수 있을까 하고 늘 궁리했습니다.

여러분, 모래 위에 쌓아둔 성은 어떠한가요? 작은 파도에도 금방 무너져버리죠? 영어도 기본적인 영문법을 완벽하게 터득하지 않는다면 마치 모래 위에 쌓아놓은 성과 같습니다. 물론 외국인과 만나서 대화만 되면 그만이라고 생각할 수도 있습니다. 하지만 어느 정도의 영어회화는 할 수 있을지 몰라도 문법에 맞는 정통 영어는 할 수 없습니다. 이 책은 언제 어디서나 당당하게 영어를 할 수 있도록 도와줄 것입니다. 제가 영어 공부를 하면서 틈틈이 기록한 알짜배기만 모아둔 영문법이라고 할 수 있습니다. 이것은 실제의 경험 속에서 나온 산물이기 때문에 여러분의 욕구를 채워줄 수 있다고 감히 장담합니다. 고급 영어나 회화를 공부하기 전에 이 책을 공부한다면 영어의 기본 틀은 모두 세운 뒤에 시작하는 셈입니다.

이 책은

- 혼자서도 쉽게 공부할 수 있도록 하였습니다.
- '작심8일표'를 이용하여 공부하기 바랍니다.
- 중요한 것은 '꼭 알아두기'로, 복습을 해야 할 것은 'Check Yourself'로 정리했습니다.
- 영미문화를 알기 위해서 '문학 속 영어'와 '영미문화 배우

기' 코너를 준비했습니다.

- 모든 장이 끝난 후, 부록으로 상권에는 회화문제, 하권에는 문학의 세계(The Last Leaf)가 있습니다.

이 책은 수능시험을 치르기 전에 기초 영문법을 다시 정리하고 싶은 고등학생들에게 추천합니다. 고등학교에 진학하기 전에 미리 영문법을 학습하고 싶은 중학생들이 읽어도 좋습니다.

외국어는 소리 내어 많이 읽고, 외우고, 쓰는 수밖에 다른 도리가 없습니다. 따라서 그 방법을 어떻게 쉽게 터득하느냐가 가장 중요한 문제입니다. 이 책을 공부하고 난 후에는 영어에 대한 자신감을 확고하게 가질 수 있다고 장담하면서 글을 마칩니다. 여러분들의 행운을 빌겠습니다.

영어로 인생의 티핑 포인트를 만들어라!

인생의 티핑 포인트?

티핑 포인트 *Tipping Point*라는 것이 있습니다. 이것은 어떤 일의 성패를 판가름하는 분기점을 뜻하지요. tip이 명사로 쓰일 때는 '꼭대기, 정점' 이라는 의미가 있고, 동사로 쓰일 때는 '기울이다, 뒤집어엎다' 라는 뜻이 있습니다. 일반적으로 티핑 포인트라는 말은 사회·경제적인 현상에 쓰입니다. 사회적으로 유행하는 것, 예를 들면 베스트셀러나 크게 흥행한 영화, 성공 브랜드 등은 모두 티핑 포인트를 가지고 있으며, 이것을 결정짓는 요소는 놀랍게도 최소한의 노력, 비용, 시간이라는 것이지요.

11

우리 인생도 마찬가지예요. 생각과 행동의 작은 변화가 엄청난 결과를 만들어내는 경우가 종종 있습니다. 어떤 사람의 충고한마디, 책에서 읽은 감명 깊은 구절 하나, 우연히 목격한 장면하나가 한 사람의 인생을 바꾸기도 하지요. 그것이 바로 인생의 티핑 포인트가 아닐까요?

세계를 움직이는 디자인 그룹 이노디자인의 CEO 김영세는 고등학교 시절 친구 집에 갔다가 산업디자인에 관한 잡지를 보고나서 머리를 뭔가로 얻어맞은 듯한 강한 충격을 받았다고 합니다. 즉 자신이 무엇을 위해 살아야 할지 그 순간 깨달은 것이죠. 또 '나는 나를 넘어섰다' 라는 TV CF로 유명한 패션모델 김민철도 비슷한 경험을 했답니다. 원래는 국가대표가 꿈인 유망한레슬링 선수였다가 고3때 우연히 TV에서 남자 패션모델을 보고진로를 바꾸게 되었죠. 알다시피 그는 세계 최고의 무대인 오뜨꾸뛰르 *Haute Couture*에 선 최초의 남자 모델이 되었죠. 이 모두가 티핑 포인트를 계기로 인생의 방향이 바뀐 경우입니다.

영어, 꼭 필요한거야?

자 이제 제가 할 이야기는 영어로 인생의 티핑 포인트를 만들자는 것입니다. 사실 영어는 모든 사람이 꼭 공부해야 하는 것은 아닙니다. 저야 영어와 관련된 일이 하니 자연스럽게 생활 속에서 영어를 씁니다. 하지만 영어와 관련 없는 업무를 하거나 외국인을 만날 기회가 전혀 없다면 '영어, 꼭 필요한거야?'라는 의문을 갖는 것이 당연합니다. 그러나 영어가 여러분에게 중요한 이유는 다른 데 있습니다.

영어를 잘 하면 우선 학교 성적이 오르고 좋은 대학에 들어가는 데 도움이 되겠지요. 그러나 그것보다는 영어를 잘함으로써 얻는 다양한 기회에 주목해야 합니다. 무슨 말인가 하면 영어를 잘 하면 그 만큼 직업 선택의 폭이 넓어진다는 것입니다. 예를 들어 외교관이 되거나 무역회사, 외국계 기업에 취직하고 싶은데 영어를 못한다면 모든 것이 그림의 떡이겠지요. 영어 때문에 자신의 꿈을 포기하거나 바꿔야 하는 일이 생겨서는 안 된다는 말입니다.

영어에 미치다

인터넷이나 교통기술의 발전으로 세계는 점점 좁아지고 있습니다. 당연히 세계를 상대로 하는 자신의 비전과 전략을 세워야겠지요. 그저 우물 안의 개구리에 머물러서는 안 됩니다. 얼마 전 UN의 수장으로 취임한 반기문 사무총장의 이야기를 살펴봅시다. 그는 어떻게 UN의 사무총장이 될 수 있었을까요?

그의 인생의 티핑 포인트는 바로 영어였습니다. 학창시절 유난히 영어를 좋아했던 그는 고등학교 때 '다른 친구들의 영어 공부에 도움이 되는 교재를 만들어보자'는 선생님의 제안을 받았습니다. 그는 학교 기자재인 녹음기를 들고 무작정 외국인이 있을 법한 장소를 찾아 나섰습니다. 그 당시 집 근처 비료공장에는 미국인 기술자가 몇 명 있었는데 그들을 찾아간 것이죠. 수소문 끝에 한 외국인 기술자의 부인을 알게 되었고 그를 통해 영어 교과서 전체를 녹음할 수 있었죠. 친구들로부터 '영어에 미쳤다'는 소리까지 들으면서도 그는 영어책을 손에서 놓지 않았습니다.

마침내 고2때 '외국학생 미국 방문 프로그램(VISTA)'에 선발된 그는 처음으로 미국 땅을 밟았고, 이듬해 고3 여름방학 때는 미국을 한 달 동안 방문할 기회를 얻었습니다. 그리고 거기서 당시 미국 대통령이던 존 F. 케네디를 만났습니다. 아시아의 작은 나라에서 온 학생이 세계 속에서 스스로 존재감을 확인한 순간이었죠. 어느새 그는 외교관을 꿈꾸게 되었고 서울대학교 외교학과에 진학했습니다. 그리고 외무고시에 합격했고

세월이 흘러 외무부장관이 되었습니다. 마침내 2007년 아시아에서 두 번째로 UN의 수장이 된 것이죠.

여러분은 아마도 반기문 사무총장의 성공 스토리에 감명 받았을 것입니다. 어쩌면 한 나라의 대통령이 되는 것보다 더 힘든 일을 그가 이뤄낸 것이죠. 그런데 지금의 그를 있게 한 원동력은 무엇일까요? 그의 인생의 티핑 포인트는 언제였을까요? 어렵지 않게 짐작할 수 있을 것입니다. 바로 영어에 대한 열정이 빚어낸 모든 순간들이야말로 티핑 포인트겠지요. 물론 그는 뚜렷한 목표, 끈질김, 집중력 등을 가지고 남다른 노력을 했겠지요. 하지만 영어라는 티핑 포인트가 없었다면 뚜렷한 목표도 끈질김도 집중력도 얻지 못했을 것입니다.

이 외에도 영어를 티핑 포인트 삼아 성공한 사람들의 사례는 숱하게 찾아볼 수 있습니다. 라디오 영어방송을 진행했던 DJ 오성식은 학창시절 영어가 좋아 무작정 경복궁을 찾아가 외국인들에게 영어로 말을 걸고 대화내용을 녹음했다고 합니다. 그런 노력 없이 영어를 잘한다는 것은 불가능하겠지요.

앞서 말했듯이 영어는 단지 영어시험을 잘 보기 위해서 공부하는 것이 아닙니다. 보다 큰 가능성과 더 넓은 세계로 나아가기 위한 수단으로 영어공부를 해야 합니다. 그러면 여러분은 다른 사람들보다 더 많은 경우의 수 앞에서 행복한 고민을 할 수 있을 겁니다.

바로 이 책은 여러분의 인생에 티핑 포인트를 만들어줄 것입니다. 영어가 어려운 학생에게는 다시 영어 공부에 전념할 수 있는 희망과 용기를, 영어를 잘하는 학생에게는 철저한 기본기와 열정을 심어줄 것입니다. 물론 이 책이 영어의 모든 것을 다 가르쳐줄 수는 없습니다. 단지 여러분에게 영어 공부에 대한 자신감과 열정만 불러 일깨워준다면 저는 만족할 것입니다.

이 책의 활용법

이 책은 총 16단원(상·하 각 8단원씩)으로 구성되어 있습니다. 그리고 각 단원은 영어를 읽고 쓰는 데 꼭 필요한 문법 지식과 3단계 활용 문제, 머릿속에 쉽게 기억되는 회화로 이뤄져 있습니다. 독해와 회화를 하는 데 필수적인 문법요소들의 알맹이만 모아 구성한 만큼 어느 것 하나 버릴 것이 없습니다. 예전에 여러분의 부모님들이 공부했던 책을 본 적이 있나요? 저도 그 책으로 공부했습니다만 깨알 같은 글씨를 암산기계처럼 외우는 데 급급

했지요. 하지만 그런 공부가 무슨 소용이 있을까요? 실제 독해와 회화에 적용할 수 없다면 그것은 죽은 지식에 불과합니다.

이제부터 이 책의 활용법을 소개하겠습니다. 영어 공부의 왕도는 소리 내어 읽고, 쓰고 반복하는 것입니다. 이 책도 마찬가지입니다. 여러분들의 시간이 많든 적든 이 책을 세 번만 읽고 풀기를 반복하십시오. 더 이상 다른 문법책을 볼 필요는 없습니다. 그런데 세 번 읽고 풀 생각을 하니까 가슴속이 답답해지죠?

이제부터 계획을 세우십시오. 아래에 여러분이 이 책을 효율적으로 활용할 수 있도록 작심8일 전략표를 준비했습니다. 여러분의 깜냥대로 빈칸을 채우십시오. 하루에 한 장 씩 해치운다면 8일이면 충분할 겁니다. 계획을 세웠다면 실행에 옮기세요. 당신이 원하는 목표는 눈앞에서 성큼성큼 다가올 것입니다.

저는 이 책이 여러분의 인생에 티핑 포인트가 되기를 희망합니다.

To overcome yourself is to succeed in life.
자신을 극복하는 것이 인생에서 성공하는 길이다.
―유동익

작심8일 전략표

>>영어 정복을 위한 작심8일 1단계

	첫 번째 시도	두 번째 시도	세 번째 시도
날짜			
단원명			
목표분량			
실행여부	○　　　×	○　　　×	○　　　×

〉〉 영어 정복을 위한 작심8일 2단계

	첫 번째 시도		두 번째 시도		세 번째 시도	
날짜						
단원명						
목표분량						
실행여부	○	×	○	×	○	×

>> 영어 정복을 위한 작심8일 3단계

	첫 번째 시도	두 번째 시도	세 번째 시도
날짜			
단원명			
목표분량			
실행여부	○ | ×	○ | ×	○ | ×

>> 영어 정복을 위한 작심8일 4단계

	첫 번째 시도		두 번째 시도		세 번째 시도	
날짜						
단원명						
목표분량						
실행여부	○	×	○	×	○	×

〉〉영어 정복을 위한 작심8일 5단계

	첫 번째 시도	두 번째 시도	세 번째 시도
날짜			
단원명			
목표분량			
실행여부	○ ×	○ ×	○ ×

〉〉 영어 정복을 위한 작심8일 6단계

	첫 번째 시도		두 번째 시도		세 번째 시도	
날짜						
단원명						
목표분량						
실행여부	○	×	○	×	○	×

〉〉 영어 정복을 위한 작심8일 7단계

	첫 번째 시도		두 번째 시도		세 번째 시도	
날짜						
단원명						
목표분량						
실행여부	○	×	○	×	○	×

>> 영어 정복을 위한 작심8일 8단계

	첫 번째 시도	두 번째 시도	세 번째 시도
날짜			
단원명			
목표분량			
실행여부	○ | ×	○ | ×	○ | ×

CONTENTS

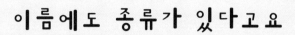

이름에도 종류가 있다고요

좁은 문으로 들어가라

Enter through the narrow gate. For wide is the gate and broad is the road that leads to destruction, and many enter through it. But small is the gate and narrow the road that leads to life, and only a few find it.

– (Matthew 7:13~14) in Bible

좁은 문으로 들어가라. 멸망으로 인도하는 문은 크고 그 길이 넓어 그리로 들어가는 자가 많고, 생명으로 인도하는 문은 작고 길이 좁아 찾는 이가 적음이니라.

– (마태복음 7 : 13~14) 성서

위 글은 성서의 한 구절입니다. 성서는 모든 영문학의 뿌리라고 할 수 있어요. 문학적인 요소뿐만 아니라 인생의 진리가 포함되어 있거든요. 생활의 지침서요, 문학서라고 할 수 있습니다. 종교라는 생각을 떠나서 영어를 공부하는 사람이라면 영어로 된 성서는 꼭 한번 읽어보길 바랍니다. 문학적인 지식과 더불어 서양인들의 문화, 사상적인 면도 느낄 수 있을 거예요. 뿐만 아니라 인생에 대한 지혜도 알려준답니다. 자, 그러면 위 글에 대해 살펴볼까요?

여러분, 정상에 있는 성공한 사람들은 어떻게 보이나요? 마냥 편하게만 보이나요? 행여 지금은 편하고 여유로워 보일지 모르지만, 그들 역시 남모르는 고통과 고뇌를 극복하고 그 자리에 오른 것입니다. 여러 사람들이 다녔던 등산로는 그만큼 오르기 쉽습니다. 하지만 쉽게 오른 만큼 성취감은 덜하죠. 반대로 어렵고 힘든 일을 극복하면 큰 환희와 기쁨을 얻을 수 있습니다. 여러분에게 영어가 어렵고 힘든 존재일지 모르겠네요. 하지만 극복하고 나면 엄청난 기쁨과 성취감을 얻을 수 있을 거예요.

■ ■ ■

선생님의 이름은 '유동익' 입니다. 여러분에게도 이름이 있죠? 우리에게 이름이 있듯이 풀, 꽃, 물고기 등의 생물에게도 이름이 있고 책상, 컴퓨터 등 무생물에게도 이름이 있어요. 뿐만 아니라 기억, 추억, 사랑 등 관념에도 그것을 지칭하는 이름이 있어요. 영어에서는 이렇듯 이름을 나타내는 품사를 **명사**라고 합니다. '에이~ 그쯤은 알고 있어요' 라며 명사를 쉽게 생각하는 친구들이 많을 거예요. 하지만 명사에도 여러 가지 종류가 있고, 그것에 따라서 동사까지 함께 변하니까 1단원에서 완벽하게 공부하고 다른 단원으로 넘어가는 것이 중요합니다.

만약 드라마에서 등장인물이 없으면 어떻게 될까요? 이야기 전개도 되지 않고, 재미도 없을뿐더러 무엇을 얘기하려는지 전혀 이해하지 못하겠죠. 명사도 드라마 속의 등장인물과 같아요. 무슨 말이냐면 모든 문장의 주어는 명사를 갖고 있거든요. 아주 없어서는 안 되는 존재이죠. 고무줄 없는 팬티(?) 같은 거지요. 농담은 이쯤으로 하고, 명사의 종류를 한번 살펴볼까요?

명사의 종류에는 **보통명사, 집합명사, 고유명사, 물질명사, 추상명사** 이렇게 다섯 가지가 있습니다. 명사는 그 특징에 따라서 동사뿐 아니라 문장 전체에도 영향을 주는 막강파워를 지니고 있어요. 이제 그 파워를 느껴보시겠습니까?

 명사의 종류

1. 보통명사

'보통'이라는 건 무엇을 뜻하나요? 특별하지 않다는 말이죠. 즉 보통명사 역시 특별한 조건이 있는 명사가 아니라는 겁니다.

다시 말해 확실하게 모양을 갖추고 있으며 셀 수가 있습니다. 이러한 보통명사의 종류는 수없이 많아요. 몇 가지 예를 들자면 bird, desk, pen, flower, friend 등이 있습니다.

❶ 종족을 대표

종족을 대표할 때 사용하는 표현입니다. 그 형태로는 **a + 단수보통명사, the + 단수보통명사, 복수보통명사** 등이 있어요. 예문을 통해 살펴보죠.

A horse is a useful animal.
The horse is a useful animal.
Horses are useful animals.

❷ 추상적인 의미

추상적인 의미는 **the + 단수보통명사**의 형태로 나타낼 수 있답니다.

The blood is thicker than the water.
The rich are not always happy.

2. 집합명사

체육시간에 '집합!' 이라는 말을 들으면 운동장에 흩어져 있더라도 쏜살같이 모여야 되죠? 그처럼 집합명사도 사람이나 사물이 모여서 하나의 집합체를 이루는 것을 말합니다. 이것은 셀 수 있는 명사이고, 그 여기에는 family, class, people, cattle 등이 있습니다.

❶ 집합명사(전체)

집합체가 전체를 가리킬 때는 단수로 취급하고 동사도 거기에 일치시켜야 합니다. 아래 예문을 보면 가족 전체가 작은 소가족이라는 말이잖아요. 따라서 동사는 단수인 is가 옵니다.

Our family is small.
우리 가족은 소가족이다.

❷ 군집명사(각자)

집합체가 각자를 나타낼 때는 복수로 취급하고 동사도 거기에 일치시켜야 합니다. 아래 예문은 가족 구성원 모두가 부지런하다(diligent)는 말이잖아요. 따라서 동사는 복수인 are가 옵니다.

Our family are all diligent.

❸ the + 명사

명사 앞에 the를 붙이면, 동사를 복수로 취급합니다. 즉 clergy (성직자), nobility(상류사회), police(경찰관) 등 앞에 the를 붙이면 동사를 복수로 쓰는 거죠. 예문을 봅시다.

The police are 15 persons.

❹ 그 자신이 복수

단어 그 자체가 복수인 것이 있어요. people, cattle, vermin(곤충), poultry 등이 그 예인데, 그 자체가 복수이므로 동사 역시 복수로 해야 합니다.

Korean people are all diligent.

3. 고유명사

인명, 지명 등 오직 하나밖에 없는 사물의 이름을 가리키는 명사를 말합니다. 고유명사에는 관사가 올 수 없어요. 또한 복수로 할 수도 없고요(단, 건물명에는 붙일 수 있습니다). 그렇다면 동사가 단수로 오는 경우인 고유명사의 예를 들어보죠. Thomas, Korea, English, April, Sunday, Christmas 등인데, 예문을 통해 더욱 자세히 볼까요?

Seoul is the capital city of Korea.

4. 물질명사

물질명사는 말 그대로 물질의 이름을 나타내는 명사입니다. 모양이 없으므로 셀 수가 없어요. 여기에는 milk, gold, sugar, paper, coffee, water, air, rice, salt, money 등이 있습니다.

집합적인 물질명사는 모두 단수 취급을 합니다. 집합해서(모여서) 만들어진 물질명사이지만 그 전체를 하나의 '통'으로 본다고 생각하세요. 그 예를 보면 furniture, clothing, produce, machinery 등이 있어요. 이 물질명사는 양으로 판단할 수 있기 때문에 '많다' 혹은 '적다' 등으로 표현할 수 있습니다. 그러므로 much, little, a piece of, a cup of 등으로 표현하곤 합니다.

Furniture is made of wood.

a cup of tea, a piece of chalk, a pound of sugar,

a pair of shoes, a sheet of paper

5. 추상명사

사람이나 사물의 상태, 성질 등의 추상적인 개념을 나타내는 명사로 셀 수가 없습니다. peace, music, success, beauty, life, kindness, advice 등이 있습니다.

❶ 추상명사가 보통명사

비록 추상명사이지만 보통명사처럼 문장 속에 있는 것이 있어요. 이것은 보통명사로 취급하면 됩니다.

My mother gave a piece of advice to me.

Art is long, life is short.

❷ of + 추상명사 = 형용사구

추상명사 앞에 of가 붙어서 형용사구로 변화한 것이 있어요. 그 예로 of use = useful, of value = valuable 등이 있어요.

My father is a man of experience.

My father is an experienced man.

❸ all + 추상명사 = 추상명사 + itself = very + 형용사

추상명사 앞에 all이 붙으면 어떻게 될까요? 이것은 추상명사
와 itself가 결합한 것과 같아요. 또 이것은 very와 형용사가
결합한 것과도 같은 역할을 하죠. attention 즉 '주의' 라는 추
상명사를 예로 들어보죠.

She is always all attention.

She is always attention itself.

She is always very attentive.

■ 꼭 알아두기

가산명사	Countable Nouns	보통명사, 집합명사
불가산명사	Uncountable Nouns	고유명사, 물질명사, 추상명사
복수를 만들 수 있으면	countable Nouns	
복수를 만들 수 없으면	Uncountable Nouns	

명사 복수형의 다양한 용법

1. 복수형의 다양성

❶ 짝의 형태

신발, 장갑 같은 것들은 오른쪽, 왼쪽 짝이 있죠. 물론 양말도
마찬가지고요. 우리 주변에는 짝으로 된 것이 굉장히 많아요.
이런 형태의 단어는 항상 복수로 사용합니다.

shoes, gloves, scissors, spectacles, jeans,
shorts, trousers, pajamas

❷ 학과 이름

학과 이름 역시 복수일 때가 있습니다.

mathematics(수학), physics(물리학), politics(정치학),
economics(경제학)

❸ 항상 복수

항상 복수가 되는 단어는 통째로 외워버리는 것이 더 편해요.

belongings(소유물), means(수단), works(공장), brains(두뇌), suburbs(교외)

❹ 복수가 되면 뜻이 달라짐

복수가 되고 뜻이 달라지는 명사가 있습니다. 예를 들어 arm(팔)의 복수형 arms는 '무기'라는 뜻을 가집니다. 참으로 신기하죠?

arms(무기), airs(태도), manners(예의)

❺ 원래의 의미를 강조

명사가 복수형이 되면서, 원래 가지고 있던 의미를 강조하는 역할을 하기도 해요. 그 대표적 경우가 sand(모래)입니다. 이것이 sands로 복수형이 되면 모래더미, 즉 사막을 뜻합니다.

waters(바다), sands(사막)

2. 단수, 복수가 항상 같은 명사

단수와 복수의 형태가 항상 같은 명사가 있습니다. 이런 명사에는 속으면 안 됩니다. 그러므로 무작정 외우기보다 눈으로 익혀두고 다시 한번 되새기면 자연스럽게 머릿속에 들어갈 거예요.

sheep, deer, salmon, Swiss, fish, species

 명사의 격(Case)

1. 소유격 용법
명사가 소유격의 형태가 되는 것을 말합니다. 그러기 위해서 필요한 것이 있어요. 바로 **아포스트로피** *apostrophe* 인데요, 기호로는 ′를 사용합니다.

❶ **생물명사는 어미에 ′s**
생물명사는 말 그대로 살아 있는 명사죠. 사람도 될 수 있겠고, 동물이나 식물도 될 수 있어요. 생물명사를 소유격으로 만들려면 ′s를 붙이면 됩니다. 아래 예문을 볼까요?

Tom′s book, the girl′s book, Henry′s hat

❷ 복수(s)명사는 ′만

복수인 명사는 ′만 붙이면 됩니다. 복수형을 만들기 위해서는 명사에 s를 붙이잖아요. 앞에 한 번 붙였기 때문에 생략한다고 생각하면 쉽게 외울 수 있겠죠?

boys′, books′

❸ 무생물명사는 of 사용

살아 있지 않은 무생물명사에는 **of를 사용**해서 소유격을 만들어요.

the door of the house
the legs of the chair

❹ 시간, 거리, 무게 등에는 ′s

시간, 거리, 무게 등에는 생물명사와 마찬가지로 ′s를 붙여서 소유격을 만듭니다.

today′s newspaper
오늘의 신문

a day´s journey

하루 걸리는 여행

an hour´s walk

한 시간 걸리는 산책

❺ of + 소유격

a(an), this, that, some, any 등이 문장에서 함께 쓰일 때, of +
소유격의 형태로 만듭니다. 즉 of 뒤에 소유격을 놓는 거죠.

She is a friend of my mother´s.

Do you know any friends of Kim´s?

❻ 생략

house, barber, store 등이 소유격 뒤에 오면 이것을 **생략**합니
다. 이것은 관습적으로 생략하는 거랍니다.

I will stay at my uncle´ house in America.

→ I will stay at my uncle´ in America. (house가 생략)

I bought some bananas of Tom´ store.

→ I bought some bananas of Tom´ . (store가 생략)

My father had his hair in barber´ shop.

→ My father had his hair in barber´. (shop이 생략)

■ 꼭 알아두기

항상 복수로 표현하는 명사

scissors, glasses, pants, jeans, shorts, pajamas

s가 붙지 않는 명사

man-men, foot-feet ,sheep-sheep, woman-
women, tooth-teeth, fish-fish, child-children,
mouse-mice

셀 수 없는 명사 (그 수가 많다)

water, air, rice, salt, plastic, money, music,
tennis, information, weather, news, bread, hair,
furniture, paper, work, baggage

Check Yourself !

Basic Grammar Focus

1 ( ) 안에 적절한 단어를 넣어 문장을 완성하시오.

① I had two ( ) of coffee this morning.

② Please bring me a ( ) of water.

③ Do you need a ( ) of glasses?

④ A ( ) years later, he became a doctor.

⑤ We used many ( ) of paper for the dolls.

2 주어진 문장에 맞게 명사형 단어로 ( )를 채우시오.

① He acts very well. → He′s a fine ( ).

② Don′t beg. → You′re not a ( ).

③ I can′t play the piano. → I′m not a ( ).

④ She drives well. → She′s a good ( ).

⑤ I′m from Berlin. → I′m a ( ).

⑥ She´s from Athens. ➡ She´s an (   ).

⑦ Manuel assists me. ➡ He´s my (   ).

⑧ She always tells lies. ➡ She´s such a (   ).

⑨ He´s from Texas. ➡ He´s a (   ).

⑩ Anna is studying history. ➡ She´s a fine (   ).

3 각 문장에 명사를 찾아서 그 명사가 셀 수 있는 명사이면 'C', 셀 수 없는 명사면 'UC'를 쓰시오.

① This is an excellent painting.

② I don´t like milk.

③ How many photos did he take?

④ Add a little more oil.

⑤ His drawings really interest me.

⑥ Hope keeps me going.

⑦ He doesn´t have a hope.

⑧ How much flour did you buy?

⑨ Where are my two new shirts?

⑩ We´ve got plenty of coal.

⑪ Add more onion.

⑫ Would you like some fish?

⑬ I eat two eggs every day.

⑭ Too much cake isn′t good for you.

⑮ They′ve built a new motorway.

⑯ Would you like an ice?

⑰ I need two clean glasses.

⑱ Don′t throw stones.

⑲ A lot of paper is wasted.

⑳ We bought a new iron yesterday.

4 다음 문장을 is, are, has, have 중 알맞은 단어를 넣어 완성하시오.

① The government (   ) bringing in a new bill.

② The company (   ) going to employ six staff.

③ All governments (   ) trying to control crime.

④ The jury (   ) trying to decide now.

⑤ The youth of today (   ) many advantages.

⑥ There (   ) vermin in this restaurant.

⑦ The military (   ) occupied the house.

⑧ The police (   ) interested in this case.

⑨ The public (   ) concerned about it.

⑩ How many people (   ) coming tonight?

⑪ The committee (   ) meeting now.

⑫ A lot of people (   ) signed the petition.

⑬ The acoustics in this room (   ) very good.

⑭ This crossroads (   ) dangerous.

⑮ There (   ) four crossroads in our village.

⑯ Acoustics (   ) a subject I know little about.

⑰ Our company headquarters (   ) in London.

⑱ There (   ) many series of books on birds.

⑲ (   ) there any kennels in this area?

⑳ The statistics in this report (   ) inaccurate.

㉑ (   ) there any statistics for road accidents?

㉒ Many species of month (   ) disappeared.

㉓ This species (   ) green and white spots.

㉔ Our works (   ) a good canteen.

㉕ My maths (   ) got worse and worse!

Intermediate Grammar Focus

1 (   ) 안에 적절한 단어를 넣어 문장을 완성하시오.

① I´m so pleased you got into university! (   ) on your success!

② If your clothes (   ) dirty, please put them in the laundry basket.

③ My jeans (   ) faded much even though I keep washing (   ). (부정문 만들기)

④ I´m looking for the pliers. You´ll find (   ) on that shelf.

⑤ All their belongings (   ) been destroyed in a fire.

⑥ The goods you ordered (   ) arrived.

⑦ Where (   ) the scissors? (   ) are in the first drawer on the left.

⑧ How much (   ) a good pair of trousers cost these days?

⑨ How much did you pay for (   ) trousers? (   ) were very expensive!

⑩ I know he's clever, but (   ) aren't the only thing in life.

2 Use 's or ' only where possible with these.

① a delay of an hour ➡ (   )

② a journey of two days ➡ (   )

③ work of seven years ➡ (   )

④ the surface of the earth ➡ (   )

⑤ at the door of death ➡ (   )

⑥ an absence of a year ➡ (   )

Advanced Grammar Focus

1 각 문장에서 잘못된 부분이 있으면 바르게 고치시오.

① We shook hand and parted.

② We sat on the grasses to take lunch.

③ You will see many deers, sheeps and goats in the park.

④ He bought some furnitures for his new house.

⑤ How many hour is there in a year?

⑥ Where is my spectacle?

⑦ Ten oxes were went to the man-of-wars in the harbor.

⑧ Asia is the home of many people.

⑨ Please give me a few papers ; I am going to write a composition.

⑩ You will never be Newton in astronomy.

⑪ How many hour is there in a year?

⑫ He was elected the mayor of London.

Power Reading and writing

[1~2] 아래 글의 내용과 맞는 주제를 선택하시오.

1 Today let me tell you about an experience I had on the bus. The bus was full and I was standing near the door. As people got on, they stepped on each other's feet and pushed one another in the back. I realized that the riders didn't like it, but they understood that´s the way it is. In my country, when getting on a bus, people will apologize if they touch a person at all. Where I come from, everyone worries about individual space no matter where they are.

① cultural difference   ② work experience

③ breakdown of a bus   ④ travel destinations

⑤ means of transportation

2 How many times have you heard it said, "Just believe you can do it and you can!" It is the act of believing that is the starting force or generating action that leads great men and women to accomplishment. "Come on, men, we can beat them," shouts someone in command. Whether in a game, or on a battlefield, that sudden voicing of belief reverses the tide. "I can do it… I can do it…I can do it!"

① conflict of life   ② self-suggestion

③ power of success   ④ effects of shouting

⑤ great men and women

3 아래 글의 주제를 영어로 쓰시오.

An ecosystem, such as a tropical rain forest, does not suddenly appear overnight. It develops over decades or centuries. Ecosystems mature, just as people do, from infants to adults. An open field will eventually turn into a forest, but first it must go through several stages, similar to a human´s developmental stages.

* ecosystem : 생태계

(   )

4 지은이가 이 글을 쓴 목적은 무엇인가요?

Just as you may sometimes need to talk things over with someone, your mom may need to, also. When she discussed your homework with others, she may have been looking for suggestions. Calmly explain to her how it embarrasses you when she tells others your problems. Perhaps you and she can come to an agreement about what should be kept between just you two and what need not.

① to report   ② to praise   ③ to advise

④ to complain   ⑤ to advertise

5 아래 글에서 지은이가 주장하는 내용을 우리말로 간략하게 쓰거나 아래 글에서 선택하여 영어로 적으시오.

Don't be surprised if you start hearing the term "information literacy" a lot. The digital revolution means that sooner or later students and adults are going to need an entirely new set of skills: how to get information, where to find it, and how to use it. Becoming good at handling information is going to be one of the most important skills of the twenty-first century, not just in school but in the real world. Thus you are going to have to master these skills eventually anyway. So deal with them now.

* literacy : 읽고 쓸 줄 아는 것, 교양이 있는 것, (특정분야에 관한)능력

(   )

6 아래 글과 내용이 가장 맞는 글을 고르시오.

According to ancient lore, every man is born into the world with two bags suspended from his neck-one in front and one behind, and both are full of faults. But the one in front is full of his neighbor's faults; the one behind, full of his own. Consequently, men are blind to their own faults but never lose sight of their neighbor's.

① Look before you leap.

② Blood is thicker than water.

③ The pot calls the kettle black.

④ Slow and steady wins the race.

⑤ Two heads are better than one.

7 아래 글과 내용이 가장 맞는 글을 고르시오.

Railroads were the unchallenged leader in transportation for a hundred years. But beginning in the early 1900s, railroads faced competition from newer forms of transportation. Today millions of people own automobiles. Buses offer inexpensive services between cities. Airplanes provide quick transportation over long distances. The result has been a sharp drop in the use of trains. Almost all railroads face serious problems that threaten to drive them out of business. But they provide low−cost, fuel−saving transportation. One gallon of diesel fuel will haul about four times as much by rail as by truck. In this view, railroads are the form of transportation that has much to offer when the world is concerned about saving fuel.

① 철도가 트럭보다 연료의 효율성이 떨어진다.

② 1900년대 초부터 철도가 주요 운송 수단으로 등장하였다.

③ 철도의 경영난은 운영비의 절감을 통해 극복될 수 있다.

④ 장기적인 측면에서 철도는 다른 운송 수단으로 대체되어야 한다.

⑤ 철도와 경쟁하게 된 운송 수단으로 승용차, 비행기 및 버스가 있다.

8 아래 글에서 필자가 주장하고자 하는 내용을 고르시오.

My best school report was in the first grade from Mrs. Varulo. First, she told my parents about my amazing physical energy : "Lisa never tires of chasing and punching her classmates." Next, she praised my class participation and active, questioning mind : "After every instruction—even one as simple as 'Please take out your pencils' — Lisa asks 'Why?'" Mrs. Varulo was so impressed with my vocabulary that she commented, "I don't know where Lisa has picked up some of the words she uses, certainly not in my classroom." Somehow she even knew I would become a famous fiction-writer. "More than any other student I have ever had," she wrote, "Lisa is a born liar."

① annoyed and bitter   ② ironic and humorous

③ angry and revengeful   ④ regretful and solemn

⑤ serious and critical

9 아래 문장이 들어가기 알맞은 곳을 고르시오.

> These essays were then evaluated according to the criteria of purity, truthfulness, elegance, and propriety.

To pass the civil service examination in ancient China was no easy matter. (①) Preparation took years, since candidates were required to know thousands of logographs merely to read the classics. (②) Furthermore, they had to memorize whole texts. (③) On the examinations, they wrote essays about particular questions on particular texts. (④) These criteria were, however, so vague that candidates had little choice but to try to detect the literary preferences of the examiners. (⑤)

* logograph : 표의 문자(즉, 한자)

10 두 사람의 대화 글을 읽고 아래 문장의 빈 곳에 들어갈 적절한 문장을 찾으시오.

Rutherford B. Hayes : "The strain is hard to bear. It grows harder as time passes." "Human nature cannot stand this too long."

Dwight D. Eisenhower : "I would say that the presidency is probably the most taxing job, as far as tiring of the mind and spirit." "The old saying is true, 'A President never escapes from his office'"

→ The presidency of the United States _____ .

① often leads to disgrace

② renders life burdensome

③ symbolizes the American dream

④ is the highest office in the nation

⑤ guarantees the president's popularity

몇 살이냐고요?

이런 질문은 미국인들에게 금물입니다. 특히 나이가 어느 정도 있는 사람들에게 말한다면 아주 큰 실수가 될 수 있어요.

How young are you?

미국인들은 흔히 나이에 대해 이렇게 말합니다. "You are only as old as you feel." (나이는 느끼기에 달렸다) 따라서 대부분의 미국인들은 상대방이 몇 살인지에 대해 개의치 않습니다. 또한 상대방이 자신을 어떤 나이로 보는지도 신경 쓰지 않고요. 스스로에게 젊게 보이고, 젊다고 느끼면 '나는 젊다'고 생각하는 거죠. 이들은 젊음(youth)을 소중히 여기고 나이 먹는 것(increased age)을 동정의 눈으로 바라봅니다.

미국인들은 자신들이 어떤 특정한 연령집단으로 나누어지는 것을 싫어합니다. 따라서 젊은이와 노인 사이에서도 자연스럽게 대화가 오가고 우정이 싹틀 수 있습니다. 그래서 이런 말이 있죠.

Americans like to be thought of as young.

우리나라에서는 처음 만나면 바로 나이를 묻곤 하죠. 같은 해에 태어났더라도 생일이 빠르고 늦고를 따지기도 하고요. 문화 차이가 실로 엄청나죠? 그러니 여러분, 미국인을 행여 만나게 되면 바로 'How old are you?' 라고 묻지 마세요. 아마 그들은 이렇게 말할 겁니다.

It's a question I don't want to answer.

대답하고 싶지 않은 질문입니다.

2

관사가 있어 명사는
외롭지 않아!

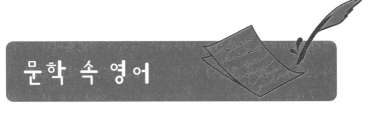

문학 속 영어

4월은 가장 잔인한 달

〈The Waste Land〉

April is the cruelest month, breeding

Lilacs out of the dead land, mixing

Memory and desire, stirring

Dull roots with spring rain.

Winter kept us warm

— in 《The Burial of the Dead of The Waste Land》 by T. S. Eliot

〈황무지〉

사월은 가장 잔인한 달,

죽은 땅에서 라일락을 키워내며

기억과 욕망을 뒤섞고

잠든 뿌리를 봄비로 일깨운다.

겨울이 오히려 우리를 포근하게 해주었다.

엘리엇*Eliot*은 20세기를 대표하는 영국의 시인입니다. 그는 아무도 생각하지 않았던 특이한 소재로 시를 썼어요. 또한 한 가지 사물을 보더라도 다르게 생각했고요. 앞의 시를 보면 4월이 1년 중에서 가장 잔인한 달이라고 했습니다. 정말 4월이 잔인한 달인가요? 물론 사람마다 다르겠지만 일반적으로 4월은 절대 잔인한 달이 아닙니다. 새 생명이 탄생하는 축복받은 달이잖아요. 꽃이 피고, 잎은 더욱 푸르게 되는….

하지만 4월에 사랑하는 연인과 이별을 겪은 사람에게는 어떨까요? 아마 그 기억 때문에 가장 잔인한 달이 될 수 있을 겁니다. 여러분은 각자 어떤 4월을 가지고 있나요?

■ ■ ■

어떤 공부를 할 때는 그 단어의 정확한 정의를 내린 뒤에 하는 것이 좋습니다. 그래야지 개념이 머릿속에 확고하게 자리 잡을 수 있죠.

관사에서 '관' 자는 '冠(우두머리 관)'을 씁니다. 따라서 항상 명사 앞에 놓이는 거죠. 이것으로 명사가 단수인지, 복수인지 혹은 어떤 성질을 가지고 있는지 나타냅니다. 휴우~ 생각만 해도 머리가 어질어질한가요? 걱정 마세요. 여러분, 관사는 딱 두 종류밖에 없거든요. 바로 A(An), The 입니다. 하지만 두 가지라고 얕잡아 봐서는 안 됩니다. 이 두 단어가 아주 많은 역할을 하거든요. 그 역할에 따라서 **부정관사**와 **정관사**로 나눌 수 있는데, 부정관사부터 차근차근 알아봅시다.

 관사의 종류

1. 부정관사

부정관사는 한자로 '不(아닐 부)定(정할 정)'으로 '정하지 않은' 의미를 가지고 있어요. 영어를 배우기도 벅찬데, 한자까지 공부해야 하니 투덜대는 친구들이 분명히 있을 거예요. 힘내세요. 처음이 어렵지, 한번 알아두면 계속 남는 거니까요.

부정관사는 한자 뜻 그대로 뚜렷하게 가리키는 것이 없는 관사를 말하죠. 그 종류에는 a와 an이 있습니다. a가 자음 앞에, an이 모음(a/e/i/o/u) 앞에 온다는 사실은 말하지 않아도 알 수 있죠?

He has a dog.

She has an apple.

❶ 하나(one)라는 의미

a나 an이 '하나' 라는 의미를 가지고 있을 때가 있어요.

There are twelve months in a year.
1년에는 열두 달이 있다.

❷ 같다(same)라는 의미

'같다' 라는 의미를 가지고 있는 경우도 있는데, 예문으로 알아보죠.

We are not of an age.
우리들은 나이가 같지 않다.

❸ 종족 전체를 나타냄

종족 전체를 나타내는 것인데, 예문에서도 알 수 있듯이 dog 앞에 a가 붙었지만 '한 마리의 개' 라는 뜻이 아니라 종족을 대표하여 전체를 나타내는 '개' 를 의미합니다.

A dog is a faithful animal.
개는 신의 있는 동물이다.

❹ 반복의 의미

계속해서 반복되는 의미를 말할 때도 부정관사를 사용합니다. 예문에서의 a month는 '한 달'이라는 일시적인 의미가 아니라 계속 반복되는 '매달'의 의미로 쓰입니다.

I call my mother twice a month.
나는 한 달에 두 번 어머니에게 전화한다.

❺ '어떤'의 의미

뚜렷하게 가리키는 것이 없다는 부정관사답게 이번에는 '어떤'의 의미를 가지고 있습니다. 예문을 해석해보면 '한 신사'는 '한 명의 신사'라는 의미도 있지만 동시에 '어떤 신사'라는 의미도 가집니다.

A gentleman came to see you.
어떤 신사 한 분이 너를 만나려고 왔었다.

2. 정관사

또다시 간단히 한자공부를 해야겠군요. 정관사 앞에 붙어 있는 '정'자는 한자로 '定(정할 정)'입니다. 바로 뚜렷하게 가리키는 것이 있는 관사를 말하는 거죠. 그 종류로는 **the**가 있습니다. (명사의 첫 발음이 모음이라면 the는 '디'에 가깝게, 자음이라면 '더'에 가깝게 발음합니다)

❶ 앞에 나온 명사를 다시 가리킬 때

I have a dog. The dog is very faithful.

❷ 이미 알고 있는 것을 말할 때

Please open the window.

❸ 세상에서 단 하나인 것
세상에서 단 하나뿐인 것들이 있죠. 예를 들면 '달, 태평양' 등이 있어요.

The earth moves round the sun.

❹ 서수 앞에 올 때
서수는 순서를 나타내는 단어를 말합니다. 즉 '첫째, 둘째' 같

은 것을 말하죠.

the first, the second, the third

❺ 최상급에 사용

최상급을 만들 때 the를 사용합니다.

He is the tallest boy in his class.

❻ 종족 전체

부정관사와 마찬가지로 이 정관사도 종족 전체를 나타낼 때가 있어요.

The cow is a useful animal.

❼ the + 형용사 = 복수보통명사

형용사 앞에 the가 붙으면 이것은 복수보통명사가 됩니다. 예문에서 the rich는 '그 부자' 라는 것보다 '일반적인 부자들'을 말하고 있잖아요.

The rich are not always happy.
부자가 항상 행복한 것은 아니다.

She visited the poor and the suffering.
그녀는 가난한 사람들과 고통 받는 사람들을 방문했다.

❽ 악기 이름 앞

악기 이름 앞에는 반드시 the가 붙습니다.

He can play the piano.

❾ the + 고유명사

고유명사 앞에는 반드시 the가 붙습니다.

- 나라이름 : the United States of America
- 강, 바다 : the Han River, the Pacific Ocean
- 신문, 잡지 : the New York Times, the Washington Post
- 관공서, 공공건물 : the National Museum, the White House, the British Museum
- 산맥, 반도 : the Rocky Mountains, the Korean Peninsula

■ 꼭 알아두기

역, 공원, 공항, 호수, 다리에는 관사 없이 본래 이름만 사용합니다. 예를 들어 Kimpo Airport(김포공항), Seoul Station(서울역), Busan Harbor(부산항) 등이 그렇죠. 또 잡지 이름이지만 정관사를 붙이지 않는 것도 있습니다. Times, Newsweek 등이 있죠.

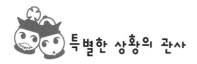 특별한 상황의 관사

1. 관사의 위치가 특별한 경우

❶ too, as, so, how + 형용사 + 부정관사의 순서

관사의 위치가 상황에 따라서 조금씩 바뀔 수가 있어요. 만약 문장 안에 too, as, so, how 등이 나오고 형용사가 뒤따라 올 때, 부정관사는 그 뒤에 위치합니다.

This is too difficult a problem for me to solve.

How beautiful a flower she has!

He is as diligent a boy as you are.

❷ such, quite + 부정관사의 순서

문장 안에서 such와 quite가 있을 때는 이들 뒤에 부정관사가
옵니다.

She is quite a teacher.

He was such a diligent boy that he passed the
entrance examination.

❸ all, both + 정관사의 순서

all과 both가 문장에 나오면 그 뒤에 정관사가 옵니다 .

All the members were present.

Both the girls passed the examination.

2. 관사의 생략

❶ 건물, 기구가 본래의 의미로 사용

건물과 기구가 본래의 의미로 사용되었을 때, 관사를 생략할
수 있습니다. 아래 예문을 보면 여덟 시에 수업을 받기 위해 학
교로 간 것이죠. 두 번째 문장은 학교 건물로 간 것이고요. 학
교는 수업을 받으러 가는 곳이니 첫 번째 문장에서 the는 생략
된 겁니다.

I go to school at 8:00.
나는 여덟 시에 수업을 받기 위하여 학교에 간다.

I go to the school at 8:00.
나는 학교에(건물로) 간다.

❷ 운동, 질병, 식사

운동이나 질병, 식사에 관한 단어 앞에도 관사를 생략합니다.

I have lunch at 12 : 30.

He loves soccer.

■ 꼭 알아두기

the + 명사로 사용

the sun, the moon, the world, the sky, the ocean, the country, the police, the army, the top, the end, the middle, the left

the가 없는 명사

television, breakfast, lunch, dinner, next, last, week, month, year, summer, Monday

the를 사용하지 않음

go to work / school / college / prison / jail / church / bed / go home, be at work / school, start work / school, finish work / school, be in bed / college / prison / jail, be in / at church, be at home

the를 사용하는 표현

(go to) the bank / the post office / the hospital, the station / the airport / the theater / the movies, the doctor / the dentist

관사가 있고 없고를 통해 해석이 많이 달라질 수가 있어요. 예를 들어볼까요?

A teacher and novelist is present.
A teacher and a novelist are present.

첫 번째 문장을 보면 한 사람이 교사이자 소설가이기 때문에 동사는 is(단수)를 사용합니다. 반면에 novelist 앞에 관사 a가 있는 두 번째 문장에서는 선생님 한 사람, 소설가 한 사람이 서로 다른 사람으로 해석되기 때문에 동사는 are(복수)가 됩니다.

■ 꼭 알아두기

the를 붙여야 할 것들이 많은데, 훑어보면서 머릿속에 정리해두세요.

호텔, 식당, 극장, 박물관, 기념관
the Milton(Hotel), the New Broadway(Theater), the Milhouse(Restaurant), the Metropolitan(Museum), the Lincoln Memorial

of가 함께 쓰이는 이름 앞

the University of California, the Great Wall of China,

the Bank of Korea, the Tower of London

세상에서 유일한 것

the north, the south, the east, the west

Check Yourself!

Basic Grammar Focus

1 다음 문장의 (　　　) 안에 각각 알맞은 관사를 넣으시오.
(단, 필요 없으면 ×)

① We were looking for (　　) place to spend (　　)
night. Place we found turned out to be in (　　)
charming village. (　　) village was called (　　)
Lodsworth.

② (　　) individual has every right to expect
personal freedom. (　　) freedom of (　　)
individual is something worth fighting for.

③ Yes, my name is (　　) Simpson, but I´m not (　　)
Simpson you´re looking for.

④ Who´s at (　　) door? It´s (　　) postman.

⑤ When you go out, would you please go to (　　)

79

supermarket and got some butter?

⑥ I've got (　　) appointment this afternoon. I've got to go to (　　) doctor's.

⑦ We went to (　　) theater last night and saw Flames. It's (　　) wonderful play.

⑧ We prefer to spend our holidays in (　　) country, (　　) mountains or by (　　) sea.

⑨ We have seen what (　　) earth looks like from (　　) moon.

⑩ This is the front room (　　) ceiling and (　　) walls need decorating, but (　　) floor is in good order. We'll probably cover it with (　　) carpet.

⑪ You're imagining (　　) things. All your fears are in (　　) mind.

⑫ Look at this wonderful small computer (　　) top lifts up to form (　　) screen; (　　) front lifts off to form (　　) keyboard and (　　) whole thing only weighs 7 kilos.

⑬ (　　) history of (　　) world is (　　) history of (　　) war.

⑭ Is there (　　) moon round (　　) planet Venus?

⑮ What's (　　) John doing these days? He's working as (　　) postman.

⑯ (　　) exercise is good for (　　) body.

⑰ Could you pass me (　　) salt, please?

⑱ They're building (　　) new supermarket in (　　) center of our town.

⑲ Where's your mother at (　　) moment? I think she's in (　　) kitchen.

⑳ If you were a cook, you'd have to work in (　　) kitchen all day long.

㉑ I'm really tired and I'm going to (　　) bed.

㉒ Your shoes are under (　　) bed.

㉓ Tim's been in (　　) bed for hours.

㉔ We've bought (　　) lovely new bed.

㉕ We took some photos outside (　　) church.

㉖ We always go to (　　) church on Sunday.

㉗ Have you ever worked in (　　) factory?

㉘ Susan's in (　　) class at the moment.

㉙ My father went to (　　) sea when he was 15.

㉚ When do you hope to go to (　　) university?

㉛ Martha's been taken to (　　) hospital.

㉜ How long will she be in (　　) hospital?

㉝ There's a strike at (　　) hospital.

㉞ We've got (　　) fine new hospital.

㉟ When do you get home from (　　) office?

㊱ John's at (　　) work at the moment?

㊲ We've setting off at (　　) sunrise.

㊳ We've come here to see (　　) sunset.

㊴ We must be home before (　　) midnight.

㊵ (　　) lunch I ordered was burnt.

Intermediate Grammar Focus

1 빈 칸에 알맞은 단어를 고르시오.

① We enjoyed our vacation. (　　) was very nice.

a. Hotel　b. A hotel　c. An hotel　d. The hotel

② The table is in (　　).

a. middle of room　b. middle of the room

c. the middle of the room   d. the middle of room

③ I never go to (   ), but I go to the movies a lot.

a. the theater   b. theater   c. a theater

④ We don't eat (   ) very often.

a. the meat   b. meat   c. a meat   d. some meat

2 문장에 잘못이 있으면 바르게 고치시오.

① He possesses a 18th century edition of Sha-
kespeare's works.

② A black and white dog were running behind a cat.

③ Mississippi is the longest river in United States of
America.

3 알맞은 관사를 넣고, 관사가 필요 없는 곳은 X로 표시하
시오.

① Put some butter on (   ) potatoes.

② He always smokes (   ) cigarette with (   )
cup of (   ) coffee.

③ (   ) book on the desk is (   ) interesting one
about (   ) history.

Advanced Grammar Focus

[1~4] 아래 글에서 각 번호에 알맞은 관사를 넣으시오.

(단, 필요 없으면 ×)

1 I read recently in ① Times that the big American company, General Motors, has developed ② vehicle that uses ③ power of ④ sun instead of petrol. ⑤ vehicle is called Sunraycer. Sunraycer has just taken part in ⑥ race against 25 solar-powered vehicles. ⑦ route of ⑧ race was from Darwin to Adelaide, ⑨ immense distance. Sunraycer covered ⑩ distance in 45 hours at ⑪ average speed of 41 miles ⑫ hour in temperatures as high as 48. It beat all other cars by two and ⑬ half days! Sunraycer is certainly ⑭ car of ⑮ future!

2 The great discovery came in 1492 when ① Italian sailor, Christopher Columbus, sailed three tiny ships under the flag of Spain all ② way across the

Atlantic Ocean to the Caribbean Sea. He did not expect to find ③ new world. When, after an eternity of sailing across the ocean, he sighted land on ④ morning of 12 October 1492, he thought he had reached the Indies. To this day we call the islands that he discovered ⑤ West Indies, and we still call the copper-coloured natives of the New World Indians.

3 ① seeds dating from 1325 B.C. have been found at ② Kew Gardens in ③ London. 'It's ④ exciting discovery, ⑤ Professor Arthur Bell, ⑥ Director, said yesterday. ⑦ seeds were found in 30 cardboard boxes by ⑧ French student, ⑨ Christian Tutundjian de Vartavan. ⑩ seeds come from ⑪ tomb of ⑫ King Tutankhamun. Inside ⑬ tomb were shawabtis, that is, model human beings who would serve ⑭ King after ⑮ death. Inside ⑯ Tutankhamun's tomb, there was ⑰ wheat for making ⑱ bread, ⑲ barley, perhaps for brewing ⑳ beer, and spices like ㉑ coriander, ㉒ cumin and ㉓ sesame, as well as ㉔ grapes and ㉕ tropical fruits. ㉖ food had to be suitable for ㉗ King′s last journey, but it was very tasty, too!

4 I travel all over ① world on business and my neighbour thinks my life is one long holiday. You know what ② business travel is like : up at ③ dawn to catch ④ plane ; ⑤ breakfast in ⑥ London, ⑦ lunch in ⑧ New York, ⑨ luggage in ⑩ Bermuda. When you′re in ⑪ sky, you see only snow in ⑫ Arctic or ⑬ Greenland. You have glimpses of ⑭ Andes or ⑮ Pacific. You′re always exhausted. Your wife or husband complains you′re never there to take ⑯ children to ⑰ school or put them to ⑱ bed. When you get home, your neighbour says, 'Another nice holiday, eh?' Give me Home Sweet Home any day!

1 (   ) 에 들어갈 내용으로 가장 적절한 것을 고르시오.

We begin life as an infant, totally dependent on others. We are directed, nurtured, and sustained by others. Without this nurturing, we would only live for a few hours or a few days at the most. Then gradually, over the following months and years, we become more and more independent—physically, mentally, and emotionally—until eventually we (   ).

① are nurtured by our seniors

② are too immature to be independent

③ are directed and sustained by others

④ can take care of ourselves, becoming self-reliant

⑤ become young enough to be taken care of by others

2 (   ) 에 들어갈 내용으로 가장 적절한 것을 고르시오.

A common belief is that if we find someone who

likes to do the same things we do, then we will get along and we will be happy. Participating in activities together is a great start for relationships ; however, I am sure you know people who like to do the same things but who don't get along. This is true with individuals who belong to the same social groups, companies, and teams, as well as other organizations. Obviously, it is not a (   ) alone that creates harmonious relationships.

① mutual respect   ② humble feeling

③ common interest   ④ sense of achievement

⑤ feeling of satisfaction

3 (   )에 들어갈 내용으로 가장 적절한 것을 고르시오.

The American economy now exhibits a wider gap between rich and poor than it has at any other time since World War II. The most basic reason, put simply, is that America itself is ceasing to exist as an economic system separate from the rest of the world. One can no more meaningfully speak of an

"American economy" than of a "California eco-
nomy." America is becoming (   ).

① an independent economic power

② only a region of a global economy

③ more and more highly industrialized

④ richer than any other country in the world

⑤ economically dependent on the state of
California

4 (   ) 에 들어갈 가장 적절한 단어를 고르시오.

Researchers said that playing with a computer will
not increase a preschooler's reading scores or train
him or her in computer science. But computers
have two special qualities that very young kids find
irresistible : infinite patience and obedience.
Computers are willing to do the same thing over
and over. This allows kids to build up self-
confidence. Every time they use computers, kids
can get a wonderful sense of being good at
something. The benefit of computer use to

preschoolers is chiefly (   ) .

* preschooler : 취학 전 아동

① sociable   ② physical   ③ economic

④ psychological ⑤ technological

5 (   ) 에 들어갈 가장 적절한 단어를 고르시오.

It is perfectly normal not to feel good. This does not mean that it is normal to feel rotten all the time, or even to feel bad too often. "All things in moderation," said the Greeks, and that is the rule for feeling good and bad. A person who feels bad with reasonable regulatority will enjoy the occasional period of feeling good far more than somebody who feels (   ) so often that he is bored by it.

① bad   ② good   ③ terrible

④ normal   ⑤ reasonable

6 다음 글에서 밑줄 친 ones와 they가 가리키는 것을 옳게 짝 지은 것을 고르시오.

Computers are not superhuman. They break down. They make errors—sometimes dangerous ones. There is nothing magical about them, and they are assuredly not "spirits" or "souls" in our environment. Yet with all these qualifications, they remain among the most amazing of human achievements, for they enhance our intelligence.

	ones	they
①	computers	all these qualifications
②	computers	"spirits" or "souls"
③	errors	computers
④	errors	all these qualifications
⑤	superhumans	human achievements

7 아래 글에서 문법적으로 틀린 문장을 고르시오.

①One day a truck hit a pedestrian on the street. ②The driver argued that the careless pedestrian was to blame for the accident. ③It was difficult to determine exactly where the accident had taken place. ④Many witnesses insisted that the accident should take place on the crosswalk. ⑤ So, the driver was held responsible for the accident.

8 아래 글에서 this man의 직업을 쓰시오.

It is important for this man to be honorable and to write about both sides of a problem. If he explains only one side of a story, he is not being just. This man must never change facts to please any person or any group.

It is also important for this man to remember that his duty is to serve his readers. Some of his readers may not like him or may even be angered by his stories. However, it is not necessary for him to please everyone. If his facts are true, that is all that counts.

(   )

9 (   )에 들어갈 단어로 가장 적절한 것은 무엇인가요?

It was said that the Chinese used their cats as clocks in the days before the invention of the watch. The pupils of the cat's eyes were believed to gradually change (　　) with the position of the sun in the sky. At midday they were a narrow line and they gradually became rounder until sunset.

① habit　　　② feelings　　　③ time

④ schools　　⑤ shape

10 (　　)에 들어갈 말로 가장 적절한 것을 고르시오.

I was riding my bicycle fast and a truck drove in front of me. When I put on the brakes, my bike stopped, but I didn't. I recall flying over the handlebars and slamming into the road head first, my shoulder hitting the pavement. I was then taken to the hospital and treated. When I woke up, a nurse said, "You're really lucky," showing me my helmet. It was split in half. That could have been my (　　).

① head　　　② shoulder　　　③ knee

④ helmet　　⑤ injury

대화하기를 좋아한다?

미국인들은 대화하기를 매우 좋아해요. 물론 식사를 할 때도
예외가 아닌데요. 밥을 먹는 중에도 서로의 관심사를 허물없이
이야기한답니다.

Don't just sit there. Say something.

반면 우리는 어떤가요? 한국인들은 대체로 식사 중에 말을 하
지 않는 것을 미덕으로 여깁니다. 입에 음식을 넣고 말을 한다
는 것은 실례라고 생각하기 때문이에요. 어느 쪽이 더 낫다는
것이 아니라 이런 것이 문화차이라는 거죠. 만약 미국인이 한
국인들의 식사 풍경을 보면 "Why are they so quiet?"라고 할
겁니다. 반대로 한국인들이 그들의 식사 모습을 보면 "Why
are they so talkative?" 라고 하겠죠?
일전에 저는 한국인 친구 한 명과 미국인 친구 한 명과 함께 미

8군 영내의 한 restaurant에서 점심을 먹은 적이 있어요. 자연스럽게 이야기를 나누다가 잠깐 제가 자리를 비우게 되었어요. 그러자 그 테이블은 정적만이 흐르고 있었다고 하더군요. 한국인 친구는 식사를 하면서 대화하는 것에 익숙하지가 않았고, 괜히 잘못된 단어를 사용할까봐 머쓱하니 웃기만 했다더군요. 당연히 배움에는 시행착오가 생기기 마련입니다. 그러니 여러분은 영미권의 사람들을 만나게 될 때, 두려워하지 말고 아는 단어만이라도 말해보세요. 잘 모르겠으면 가르쳐달라고 해보세요. 미국인들은 어디에서나 사람과 대화하는 것을 즐기니까요.

미국인들이 즐겨 쓰는 표현에 'to keep the ball rolling'이란 말이 있습니다. 직역하면 '공을 계속 굴리다'는 뜻이지만 이 표현은 '대화를 계속하다'는 뜻이 됩니다. 대화를 계속 이어가는 의무(burden)는 쌍방에게 있다고 믿고 있습니다. 자칫 만남에서 침묵만을 지키고 있으면 poor conversationalist로 간주될 수도 있으니 유의하시고요.

If you don't know what to say, you're a poor conversationalist.

3

명사를 대신해주는
따뜻한 친구, 대명사

인간은 결코 패배하지 않는다

"But man is not made for defeat," he said. "A man can be destroyed but not defeated."

　　　– in 《The Old Man and The Sea》 by Ernest M. Hemingway

그러나 인간은 패배하도록 이루어지지는 않았다. 인간은 다만 파괴될 뿐 결코 패배하
지는 않는다.

위의 글은 헤밍웨이*Hemiagway*의 《노인과 바다》에 나옵니
다. 헤밍웨이 문학의 성격을 한마디로 보여주는 글이라고 할
수 있어요. 실제로 그는 수많은 소설 작품을 썼지만 주인공이
패배하는 내용의 작품은 한 편도 쓰지 않았거든요. 헤밍웨이는
인간의 패배는 어떤 일을 하는 과정에서 생긴 작은 실수, 혹은
실패라고 생각했어요. 그는 결코 나약한 인간을 사랑하지 않았
어요. 그런 생각이 작품에도 반영되었고요. 하지만 그는 인간

의 무궁한 잠재력을 사랑한 위대한 소설가였습니다. 현대 미국인들이 무의식적으로 갖고 있는 자신들의 정신적인 자산이라고도 할 수 있고요.

저 역시 헤밍웨이처럼 여러분이 영어에게 패배하지 않을 것이라고 믿어요. 작은 실패를 하더라도 끝까지 격려하고 돕겠습니다. 여러분도 자신의 무궁한 잠재력을 사랑하십시오.

■ ■ ■

여러분, 스턴트맨을 알고 있나요? 드라마, 영화 등에서 어려운 곡예나 위험한 장면에서는 주인공 대신 대역을 쓰잖아요. 비록 화면에 자세히 얼굴이 비쳐지지는 않지만 그들 역시 없어서는 안 되는 존재입니다. 그들이 없으면 멋진 드라마나 영화를 볼 수 없을 거예요. 주인공을 대신하지만 아주 중요한 역할을 하죠.

문장에서도 마찬가지입니다. 1장에서 명사를 배웠었죠? 이번 3장에서는 명사의 스턴트맨, 즉 대명사를 배울 거예요. 이 대명사는 의미를 더욱 뚜렷하게 만들고, 문장에 다양한 변화를 주고, 의사소통을 더 원활하게 합니다.

이때 여러분이 한 가지 더 생각해야 할 것이 있어요. 대부분의 친구들은 대명사가 명사를 대신하는 역할만 한다고 생각하기 쉽지만, 좀더 명확하게 말하자면 명사를 통하지 않고 대상을 직접 가리키는 것이 대명사입니다. 대명사에는 **인칭대명사, 지시대명사, 부정대명사, 의문대명사, 소유대명사** 등이 있어요. 이것들은 매우 변화무쌍해서 주의해서 살펴봐야 한답니다.

 **인칭대명사**

말하는 자신(1인칭), 상대방(2인칭), 그리고 제3자(3인칭)를 나타내는 대명사입니다. 지금부터 인칭대명사와 연계하여 it의 용법, It~that 강조구문, 소유대명사, 재귀대명사 등을 알아봅시다.

1. it의 용법

it은 원래 '그것(들)'이라는 뜻이죠? 하지만 여기서는 정확하게 해석하지 않아요. 어떤 경우에 주로 쓰는지 알아볼까요?

■ 꼭 알아두기

날씨 It is snowing outside.

거리 How far is it from here to Suwon?

| 계절 | It is fall now. |
| 요일 | What day is it today? |

2. It ~ that 강조구문

어떤 문장을 가지고 It~that을 사용하여 문장 안에 여러 가지를 강조할 수 있어요. 예문을 통해 알아봅시다.

I saw her at the station yesterday.

강조	문장
I	It was I that saw her at the station yesterday.
her	It was her that I saw at the station yesterday.
at the station	It was at the station that I saw her yesterday.
yesterday	It was yesterday that I saw her at the station.

3. 소유대명사

소유대명사에는 두 가지 종류가 있어요. 바로 **독립소유격**과

이중소유격이에요. 독립소유격에는 독립적으로 쓰여도 소유격의 성격을 가지는 것이고, mine, yours, his, hers, ours, their가 있습니다. 이중소유격에는 a, any, some, no, this, that가 있는데, 소유격과 나란히 쓰일 수 없어요. 따라서 **이중소유격＋명사＋of＋소유대명사**의 형태로 써야 합니다.

That pencil is mine.

I know some friends of hers.

4. 재귀대명사

재귀대명사는 자신의 행위를 나타내는 것으로 –self를 사용합니다.

❶ 재귀용법

'스스로'라는 의미를 가진 대명사입니다. 따라서 아래의 예문에서 '그녀는 스스로를 죽였다' 이니 '자살했다'는 것으로 해석할 수 있어요.

She killed herself.

❷ 강조용법

–self가 붙은 대상을 강조하는 것입니다. 즉 예문의 himself
는 John을 가리키잖아요. 따라서 '직접' 그 일을 했다는 것으
로 해석할 수 있습니다.

John did the work himself.

❸ 전치사 + 재귀대명사

전치사와 결합한 경우입니다.

She did it by herself. 혼자서
She did it for herself. 혼자 힘으로
The car moved of itself. 저절로

 지시대명사

지시대명사는 사람이나 사물, 그리고 앞뒤의 문장을 가리킵
니다. 그 종류로는 this(these), that(those), such, so, the same

등이 있습니다.

1. that(these)

지시대명사 that(these)은 앞의 **명사를 대신**해서 쓰이는 경우가
있습니다. 아래 예문을 보면 that이 앞의 The land를 가리키죠?

The land of Russia is bigger than that of China.

또한 that(these)은 앞의 **문장 전체**를 가리킬 때도 있어요.
아래 예문의 That은 앞 문장 전체를 가리키고 있어요.

He worked hard. That made him pass the entrance
examination.

2. that(those)

that(those)은 who와 결합하여, 즉 those who는 ' ~**하는 사
람들**' 이라는 의미를 가집니다.

Heaven helps those who help themselves.
하늘은 스스로 돕는 자를 돕는다.

3. such

such는 as나 that으로 결합하여 각각의 뜻을 지닙니다.

❶ as such

such 앞에 as가 오면 **'그렇게'** 라는 의미가 됩니다.

If you act like a child, you must be treated as such.
만약 네가 아이 같은 행동을 한다면, 너는 그렇게(아이로) 취급받을 것이다.

❷ such A as B

such A as B는 **'B와 같은 A'** 라는 의미입니다.

I let him know such things as I considered essential.
나는 중요하다고 생각한 것을 그에게 알려주었다.

❸ such as~

such as~는 **'~와 같은'** 이라고 해석합니다.

Habits are easily formed—especially such as are bad.
특히 나쁜 습관에는 쉽게 젖어든다.

such~that

such~that는 '**매우 ~해서**' 의 의미입니다.

He is such a lovely child that everyone likes him.
그는 매우 사랑스러운 아이라서 모든 사람들은 그를 좋아한다.

4. so

so의 위치에 따라서 해석에 차이가 있습니다.

Did you read the letter? I think so.

위 예문에서 so가 뒤에 오잖아요. 그래서 '나도 그렇게 생각
한다' 에서 so는 '**그렇게**' 라는 의미입니다.

My father was a teacher, and so am I.

위 예문에서는 so가 앞에 오죠? 그래서 '나의 아버지는 선생
님이고 마찬가지로 나도' 라고 해석할 수 있어서 여기에서 so
는 '**역시, 마찬가지로**' 라는 의미입니다.

5. the same

❶ 동일한 것

the same A that B이면 **'A와 B가 같다'** 라고 할 수 있어요.

This is the same book as I gave her.
이것은 내가 그녀에게 줬던 바로 그 책이다.

❷ 같은 종류

the same A as B이면 **'A는 B와 같은 종류다'** 라고 할 수 있어요.

This is the sam book that I gave her.
이것은 내가 그녀에게 줬던 것과 같은 종류의 책이다.

■ 꼭 알아두기

전자 : that, the former, the one

후자 : this, the latter, the other

The dog and the cat are both useful to man ; this keeps rats away from house and that watches over the house.

전자는 집을 지키고 후자는 쥐를 얼씬도 못하게 한다.

 부정대명사

부정관사를 공부하면서 그 의미를 알게 되었죠? 마찬가지로 부정대명사 역시 대상을 정하지 않고 막연하게 표현하는 대명사를 말합니다. 그 종류로는 one, no one, none, no, some, any, each, every, all, either 등이 있어요.

1. one

❶ 일반인

one이 정하지 않은 대상을 가리킨다는 것은 알고 있죠? 그 중에서도 막연히 '일반인'을 의미할 때가 있어요.

One should obey one´s parents.

❷ 앞에 나온 명사

one은 **앞에 나온 명사를 가리킬 때**도 쓰입니다. 아래 예문에서 one은 dog가 되겠죠.

Do you have a dog? Yes, I have one.

2. one, another

❶ 두 개를 말할 때

one과 another가 함께 쓰일 때는 일반적으로 **두 개를 말할 때** 입니다.

I have two cats ; one is black and the other white.
나는 고양이 두 마리를 가지고 있다. 그 중 하나는 검은색이고 다른 하나는 흰색이다.

❷ 다른 것

아래 예문에서 another는 '**다른 것**' 이라는 의미입니다.

This is a good pen. Show me another.

❸ 별개이다

another는 '**별개이다**' 라는 뜻까지 있습니다. 예문을 통해 알아봅시다.

The essences of art is one thing and the form another.
예술의 본질과 형식은 별개이다.

❹ 서로

one과 another가 연속해서 같이 쓰이면 '**서로**' 라는 의미입니다. 이것은 each other와도 같습니다.

We helped one another. (= each other)
우리는 서로 돕는다.

3. some, any

부정대명사 중 some과 any는 문장의 성격에 따라 역할이 다릅니다. 표로 정리해볼게요.

any : 의문문, 부정문	Do you have any dog? No, I don't have any.
any : 조건문(if)	If you have any money?
some : 긍정문	Lend me some.
any : 긍정문 강조	Any child knows it. 어린아이일지라도 그것을 안다.
some : 권유	Will you have some juice?

4. none, no

none과 no는 단독으로 쓰일 때 '**아무도**' 라고 해석합니다.

None solved the problem.

아무도 문제를 해결하지 못했다.

또한 형용사로 쓰일 때는 '**없다**' 라고 해석하면 됩니다.

She has no children.

그녀는 아이가 없다.

5. each, every

each와 every는 **모두 단수 취급**을 합니다.

Every dog can't watch over the house.
개라고 모두 집을 지키지는 못한다.

6. either, neither

either와 neither는 같이 외워두면 좋습니다. not either는 neither와 같습니다. 즉 not either = neither 이라고 할 수 있겠죠. 이것의 해석은 '**역시 ~아니다**' 라고 하면 됩니다.

If you don't go there, I will not either.
If you don't go there, neither will I.

■ 꼭 알아두기

〉〉 all, both, every + not : 부분부정
부분부정이라는 것은 **모두가 그런 게 아니라**는 말입니다.

All is not gold that glitters.
반짝인다고 모든 것이 금은 아니다(금이 아닌 것도 있다).

Check Yourself !

Basic Grammar Focus

1 다음 문장에 my, your, his, her, its, our, their 중 적당한 단어를 넣어 완성하시오.

I have a brother. ① brother is married. ② wife is a teacher. They have a baby. ③ baby is six months old. The baby is a girl. ④ name is Maria. I have a sister, too. ⑤ name is Sandra. She is married, too. ⑥ husband's name is Tony. They have a boy. ⑦ name is Alex. ⑧ brother and sister are not in this country. They are in Mexico. You say you have a brother and a sister. ⑨ brother and sister are married, too. ⑩ brother is in Korea, but your sister is in this city. You are lucky!

2 다음 (   ) 안에 적당한 대명사를 넣으시오.

① What do you call your dog? (   )´s called Flossie.

② There´s a dog in our neighbourhood that barks all night. (   )´s getting on my nerves.

③ They´re launching a new ship in Portsmouth and I´ve been invited to see (   ) launched.

④ The Titanic may be at the bottom of the sea, but (   )´s never forgotten.

⑤ I run a car in London, but I really don´t need (   ).

3 각 문장의 (   ) 안에 one, ones를 넣으시오.

① Which gloves would you like to see? The (   ) in the window.

② Which shoes fit you best? The large (   ).

③ Which pullover do you prefer? The red (   ).

④ Which jeans are you going to buy? The most expensive (   ).

⑤ Please pass me that plate. Which (   )?

4 ( ) 안에 them, one, some, any, none 중 알맞은 것을 넣어서 문장을 완성하시오.

① Did any letters come for me this morning? No, ( ) came for you.

② Have the spare parts arrived yet? Yes, ( ) of them have just arrived.

③ Do you like this dish? Yes, I like ( ) very much.

④ Did you enjoy the strawberries? Yes, I enjoyed ( ) very much.

⑤ Would you like some strawberries? No, I don't want ( ), thank you.

5 ( )에 my 또는 the를 넣어서 문장을 완성하시오.

① It's nice to see you. How's ( ) family?

② What's wrong? I've hurt ( ) arm.

③ ( ) collar is too tight. I can't bear it.

④ ( ) hair is getting too long. I must get it cut.

⑤ She looked me in ( ) face and said, 'No'.

6 (   )에 목적격, 또는 소유격 대명사를 넣어서 문장을 완성
하시오.

① Have you got any money on (   )?

② Come and sit beside (   ).

③ Strictly between (   ), she´s wrong.

④ She´s very certain of (   ).

⑤ Granddad doesn´t like living by (   ).

7 다음 문장 중 anybody/anyone, nothing, anything,
nobody/no one, somebody/someone, something
중 알맞은 단어를 넣어 문장을 완성하시오.

① There´s (   ) in the clothes basket. It´s empty.

② Is there (   ) in the clothes basket? No, it´s
empty.

③ I´ve tried phoning, but every time I phone
there´s (   ) in.

④ I´ve prepared (   ) for dinner which you´ll
like very much.

⑤ I´ve never met (   ) who is as obstinate as
you are.

1 either, all, whole 중 적당한 것을 골라서 다음 문장을 다
시 쓰시오.

① I´m losing my hair.

→

② He explained the situation to me.

→

③ The money was spent.

→

④ You didn´t tell me the truth.

→

⑤ I heard the story.

→

2 all, everyone, everything 중 맞는 것을 골라서 문장을
완성하시오.

① (   ) stood up when the President came into
the room.

② (   ) talked about the elections, but I´m not

sure they (　　) voted.

③ (　　) in the building was destroyed in the fire. Some of the objects were priceless.

④ I wouldn´t help you for (　　) the tea in china!

⑤ How much do you want for (　　) in the shop?

3 다음 문장에 each나 every를 넣어서 문장을 완성하시오.

① Nearly (　　　) home in the country has television.

② Here´s something for (　　　) of you.

③ Not (　　　) student is capable of learning English.

④ Our motoring organization will give you (　　　) assistance if you break down.

⑤ The admission ticket cost us 5 dollars (　　　).

4 (　　)에 another, other, the next, the other, the others, others, either, neither 중 맞는 것을 넣어서 문장을 완성하시오.

① John came to see me (　　　　) day. It was last Friday, I think.

② I met two strangers on the way to work. One of them greeted me and (　　　) didn't.

③ Some people like to have the windows open all the time, (　　　) don't.

④ I can't see him today. I'll have to see him (　) day.

⑤ We spent the night in a small village and continued our journey (　　　) day.

⑥ Bill and (　　　) boy are playing in the yard. Jane and (　　　) girls are in the front room.

⑦ There must be (　　　) road that leads to the city center.

⑧ There must be (　　　) roads that lead to the city center.

⑨ I can't let you have any of these plants, but you can have all (　　　).

⑩ When shall we meet : at 7 or at 7:30? I don't mind (　　　) time is convenient for me.

⑪ You can't use those screwdrivers. (　　　) of them is suitable for the job.

⑫ I don't know who's on the phone. It's (　　　)

your mother or your aunt.

⑬ I met John a year ago, but I've (   ) seen him nor heard from him since.

⑭ Say what you like about those two applicants. I didn't like (   ) of them!

⑮ I know you sent us two letters, but we have received (   ) of them.

Advanced Grammar Focus

Find any mistakes in the italicized parts of this text and suggest corrections.

① *Each so often* I like to invite my entire family—my parents, six brothers and their families—over for dinner on Saturday evening. My parents are quite old now, so I like to see them ② *each few weeks.* It's quite a lot of work and I usually spend all Friday shopping and cooking. Some of my family are fussy about what they eat, so I generally have to cook different things for ③ *every of them.* Fortunately, ④ *all the food doesn't usually* get eaten, so I have plenty left for the rest of the week. ⑤ *None of my brothers always come,* but the ones who live locally usually do. This time ⑥ *Neil and his family all were on holiday* so they couldn't make it. ⑦ *We had all a great time* and we spent the whole evening talking about when we were children.

Power Reading and writing

1 지은이가 이 글을 쓴 의도는 무엇인지 간단히 쓰시오.

As you know, I have lived in this apartment for the last ten years and the lease has been renewed three times. The rent has risen each time, but always until now, by a reasonable amount. One hundred percent, though, is an absolute scandal, and I am not prepared to pay such a large increase. It is wrong to ask the tenants to pay a large increase when nothing has been done to improve the condition of the

apartments. In fact, the front entrance is a disgrace. I
am sure it is hardly ever cleaned.

(   )

2 아래 글에서 여자는 카드를 읽고 어떤 감정을 느꼈을까요?
(밑줄 친 부분에 대한 감정)

There was a kind woman-by no means well off-
who, in a hot Christmas rush, made a last attempt
to catch up. Seeing a box of 50 identical greeting
cards in a shop, she snapped it up, carried it home,
and signed 49 cards before midnight. She posted
them the next morning, and gave a sigh of relief.
Then she opened her one remaining card, and
found these words printed on it : This little card is
just to say a gift from me is on the way.

① 후련하다   ② 행복하다   ③ 편안하다
④ 섭섭하다   ⑤ 황당하다

3 아래 글에서 밑줄 친 They는 무엇을 뜻하는 것입니까?

They are made when the summer air near the

ground is hot but the air a few miles up is freezing cold. As the hot air carrying water with it pushes up into the freezing air, the water freezes into drops of ice. Then they fall down into warmer air, where another icy coat is made because of the moisture there. Sometimes the wind pushes them back up into the freezing air, which makes them bigger. They can be big enough to cause damage to crops or cars when they reach the ground.

① 비   ② 눈   ③ 서리   ④ 우박   ⑤ 안개

4 아래 글에서 밑줄 친 the problem이 뜻하는 것이 무엇인 지를 간단히 쓰시오.

The problem is a broad one and demands a broad attack. Educational programs, job opportunities, recreational facilities, adult counseling—all these projects and many more must be combined in a comprehensive program if we are to make a major impact on the problem. We must show every young person, no matter how deprived his background may be, that he has a genuine opportunity to fulfill himself and play a constructive role in our society. We cannot solve the problem by building new prisons. We must create new opportunities for our nation's youth.

( )

5 아래 글에서 밑줄 친 that inner voice가 뜻하는 것을 쓰시오.
Steve had supervised one of his company's warehouses for four years. He had done an excellent job. One day, his boss offered Steve a new job supervising the company's whole warehouse operation. But Steve turned down the promotion. His selfimage was strongly based on the frequent scoldings his father gave him when he was young : "I can't trust you with any responsibility! You mess everything up!" Steve's good record at work proved he could handle the job, but that inner voice told him he would fail.

( )

6 아래 글을 읽고 (   )에 가장 적절한 것을 고르시오.

According to psychologists, your physical appearance makes up 55% of a first impression. The physical appearance includes facial expressions, eye contact, and general appearance. The way you sound makes up 35% of the first impression. This includes how fast or slowly, loudly or softly you speak, and your tone of voice. The actual words you use count for only 10%. Therefore, it is safe to conclude that people form their first impressions based mostly on (   ), then on how you speak, and least of all on what you say.

① who you are   ② where you are from

③ how you look   ④ when you speak

⑤ what you do

7 아래 글을 읽고 (   )에 가장 적절한 것을 고르시오.

Plants are known to react to environmental pressures such as wind, rain, and even human touch. Coastal trees, for example, become shorter and stronger in response to strong winds and heavy rainfall. In a laboratory study conducted at Stanford University, the same changes in plant growth patterns were brought about by touching plants twice a day. The researchers also found that these growth changes resulted from gene activation. Their findings indicate that this gene activation did not occur unless there was (   ).

① fresh air   ② enough sunlight

③ direct stimulation   ④ some water

⑤ potential growth

8 아래 글에서 연주자와 여학생이 "My hands are tired"라고 말한 이유를 바르게 짝지은 것을 고르시오.

A schoolgirl went to a famous musician's concert. The concert lasted for an hour. When it was over, she applauded his passionate performance and clapped for a long time. Then at the stage door the girl asked the violinist for his autograph. "Sorry, not now," he replied impatiently. "My hands are tired."

Instead of taking offense, the schoolgirl replied, "<u>My hands are tired</u>, too!" This witty remark defeated the musician. So she got the autograph. and the two parted good friends!

연주자의 이유	여학생의 이유
① 열심히 연주를 해서	박수를 열심히 쳐서
② 사인을 많이 해서	열심히 연주해서
③ 열심히 연주해서	너무 오래 기다려서
④ 열심히 연주해서	사인을 거절당해서
⑤ 사인을 많이 해서	너무 오래 기다려서

9 아래 글의 광고 내용이 맞는 것을 고르시오.

We are proud to present MUSE—a new name for classical music, low in price, but offering you real value for your money. The state-of-the-art, legendary recordings feature world-renowned artists and orchestras. Each disc includes a brief introduction to the artist and some interesting information which gives guidance in discovering more about classical music. Color coding by musical genre further assists in the choice of purchase. Welcome to MUSE-a fresh approach to classical music.

* state-of-the-art : 최고 수준의

① 고전음악 음반   ② 음악 잡지   ③ 레코드 회사
④ 컴퓨터 부품   ⑤ 대중음악 공연

10 아래 글의 요지를 간단히 쓰시오.

There is no doubt that our education does not meet high standards in such basic skills as mathematics and language. And we realize that our youngsters are ignorant of Latin, put Mussolini in the same category as Dostoevski, and cannot recite the Periodic Table by heart. Would we, however, perfer to fill the developing minds of our children with hundreds of geometry problems or the names of all the rivers in the world? Do we really want to frustrate their opportunities for self-expression?

* the Periodic Table : 주기율표   * geometry : 기하학

(   )

그저 데니스라고 부르세요.
Just call me Dennis.

미국인들은 형식 같은 것을 중요하게 여기지 않아요. 딱 질색
이라고 말하죠. 대부분의 직장인들은 상사(bosses)를 부를 때,
직함 따위는 생략하고 그냥 이름(first name)만 불러요. 우리
나라에서 '김 부장님', '최 사장님' 하는 것과는 많이 다르죠?
만약 상사의 full mane이 Jim Brown이라고 한다면, 그는 단
순히 Jim이라고 불리길 좋아할 겁니다. 만약 누군가가 Mr.
Brown이라고 부르면 대개 "call me Jim." 이라고 말합니다.
Ma'am이나 Miss 또는 Sir 같은 호칭은 공식적인 장소에서
처음 보는 상대방의 주의를 끌 때 사용할 수 있어요. 다시 말
해 '아주머니', '아가씨', '선생님' 이라고 부르고자 할 때 말
이죠. 하지만 이런 경우, 자칫하면 상대에 따라 화를 낼 수도
있어요.

"Why did you call me ma'am?" (왜 나를 아주머니라고 부르

시죠?) 또는 "Do you think I´m old enough to be called ma´am?" (아니, 내가 아주머니로 불릴 정도로 늙었는지 아세요?) 라며 핀잔을 받을 수도 있다는 것을 기억해두세요.

따라서 이런 때는 "Excuse me?" (저, 실례합니다만…)라고 하는 게 안전해요. 그리고 미국인을 처음 만나서 그를 어떻게 불러야 할지 모를 때는 "What shall (should) I call you?" 또는 "May I call you Dennis (Jim)?" (이름을 불러도 되겠습니까?) 라고 사전에 허락을 받는 게 현명한 방법입니다.

관계대명사로
세련된 영어를 해볼까?

문학 속 영어

이니스프리 호수

〈The Lake Isle of Innisfree〉
I will arise and go now, and go to Inisfree,
And a small cain build there, of clay and wattles made :
Nine bean-rows will I have there,
a hive for the honeybee,
And live alone in the bee-loud glade.

   - in 《The Lake Isle of Innisfree》 by William Butler Yeats.

나는 이제 일어나 가야지, 이니스프리로 가야지,
나뭇가지 엮어 진흙 발라 거기 작은 오두막집 하나 짓고
콩 아홉 개와, 꿀벌집도 하나 가지리.
그리고 벌이 붕붕대는 숲 속에서 홀로 살으리.

예이츠 *Yeats*는 아일랜드의 시인입니다. 위 작품은 낭만적 요
소가 짙게 깔려 있는 초기 작품이에요. 비록 초기에는 이런 낭

만적인 꿈과 환상에 사로잡힌 작품을 발표했지만, 노년이 되어서는 구체적인 이미지와 상징으로 현대인의 모순과 고뇌를 명확하게 표현했습니다. 예이츠의 작품 중 유명한 것은 예술의 위대함을 노래한 〈Sailing to Byzantium〉입니다.

■ ■ ■

육지와 섬을 이어주는 다리가 있다면 자동차를 이용해서 오고 갈 수 있겠죠. 이처럼 문장과 문장 사이에서도 다리가 있으면 얼마나 좋을까요? 그 다리가 이번 장에서 배울 **관계대명사**입니다.

관계대명사는 문장과 문장을 연결하는 접속사의 구실과 대명사의 구실을 동시에 행하는 품사입니다. 즉 문장을 하나로 만드는 접속사의 역할뿐만 아니라 두 문장에서 공통된 부분과 중복된 부분은 하나만 언급하도록 대명사의 역할까지 한다는 거죠.

두 문장으로 이야기해야 하는데, 관계대명사를 이용하면 한 문장으로 말할 수 있으니 경제적이기까지 하죠. 그러니 이번 기회에 꼭 알아두도록 하세요. 관계대명사의 종류에는 who, which, that, what이 있습니다.

 **관계대명사의 종류**

1. Who

선행사(관계대명사 앞에 나오는 명사나 대명사)가 **사람**일 때 쓰입니다.

주격	who
소유격	whose
목적격	whom

❶ who – 주격

I have a friend.

He works in a museum.

a friend와 He가 같은 사람이고, He는 주격이죠? 따라서 주격 관계대명사인 who를 씁니다. 두 문장을 합쳐볼까요?

I have a friend who works in a museum.

나에게는 박물관에 근무하는 친구가 한 명 있습니다.

❷ whose – 소유격

I have a friend.

His name is Grace.

a friend와 His name이 같은 사람이고, his가 소유격이므로 소유격관계대명사인 whose를 씁니다. 두 문장을 합치면 아래와 같아요.

I have a friend whose name is Grace.
나에게는 이름이 그레이스라는 친구가 있습니다.

❸ whom – 목적격
He is the teacher.
I saw him in the park yesterday.
the teacher와 him이 같은 사람이고 him이 목적격이므로 관계대명사는 whom을 씁니다. 두 문장을 합쳐볼까요?

He is the teacher whom I saw in the park yesterday.
그는 내가 어제 공원에서 만났던 선생님입니다.

2. Which – 동물, 사물
선행사가 **동물**과 **사물**일 때 쓰입니다.

주격	which
소유격	of which, whose
목적격	which

❶ which–주격

I have a dog.

It swims well.

a dog과 It이 공통이죠? 그리고 선행사가 동물인 a dog이므로 주격 관계대명사 which를 사용합니다. 두 문장을 합쳐볼까요?

I have a dog which swims well.

나에게는 수영을 잘하는 개가 한 마리 있습니다.

❷ of which, whose–소유격

What is an animal?

The eyes of it are red.

an animal과 it이 공통이죠? 또 of it이 소유격이므로 관계대명사는 of which나 whose를 사용합니다.

What is an animal of which (=whose) eyes are red?

빨간 눈을 가진 동물은 무엇입니까?

❸ which — 목적격

That's the answer.

I want it.

the answer와 it이 공통이고 it이 목적격이므로 관계대명사는 which를 사용합니다(단, 목적격일 때는 관계대명사 생략가능).

That's the answer which I want.

= That's the answer I want.

그것이 바로 내가 원하는 답변입니다.

3. What

What(the thing which)은 **그 자체에 선행사가 포함**된 관계대명사입니다.

We must always love what is beautiful.

우리는 아름다운 것을 늘 사랑해야 합니다.

4. 제한적 용법과 계속적 용법

관계대명사 앞 **쉼표(,)의 유무**에 따라서 일반적으로 제한적 용법과 계속적 용법으로 나뉩니다.

❶ 제한적 용법

I have a friend whose uncle is a novelist.

나에게는 삼촌이 소설가인 친구가 한 명 있다.

❷ 계속적 용법

He saw a girl, whose eyes are blue.

그는 한 소녀를 보았다. 그녀의 눈은 푸른색이었다.

5. That – 사람, 동물, 사물

선행사가 사람과 동물, 사람과 사물일때, 그리고 최상급의 형용사, 서수사, the only, the very, the same, all, every, who 등이 올 때 that을 꼭 사용합니다.

❶ 사람 + 동물

Look at the girl and her dog.

They are coming here.

선행사가 사람(the girl)과 동물(her dog)이므로 관계대명사는 that을 사용합니다.

Look at the girl and her dog that are coming here.

❷ 사람 + 사물

Tell me about men and things.
You have seen them.
선행사가 사람(men)과 사물(things)이므로 관계대명사는 that을 사용합니다.

Tell me about men and things that you have seen.

❸ 최상급

He is the tallest boy.
I have ever seen him.
선행사가 최상급(tallest)이므로 관계대명사는 that을 사용합니다.

He is the tallest boy that I have ever seen.

❹ the only

He is the only person in this town.

I know him.

선행사가 the only이므로 이때에는 무조건 관계대명사 that 을 사용합니다.

He is the only person in this town that I know.

❺ anything

Is there anything?

You don´t understand it.

선행사가 anything이므로 관계대명사는 that을 사용합니다.

Is there anything that you don´t understand?

❻ all

That´s all.

I could say it.

선행사가 all이므로 관계대명사는 that을 사용합니다.

That´s all that I could say.

그것이 내가 말할 수 있는 전부입니다.

■ 꼭 알아두기

① that에는 소유격이 없고 that 앞에는 전치사가 올 수 없습니다.

② 관계대명사 what과 that에는 계속적 용법이 없습니다.

③ 제한적 용법에서 관계대명사와 전치사가 목적격일 경우에는 관계대명사를 **생략**할 수 있습니다.

This is the girl (whom) I saw in the park yesterday.

This is a house (which) he lives in.

④ 관계대명사가 전치사의 목적어일 때는 전치사는 관계대명사 **앞**, 또는 문장의 **뒤**에 놓습니다.

This is the castle which King Lear lived in.

This is the castle in which King Lear lived.

This is the castle King Lear lived in.

이곳은 리어왕이 살던 성이다.

6. 복합관계대명사

관계대명사에 -ever가 붙은 형식입니다. 이것은 선행사의 역할과 관계대명사의 역할을 동시에 합니다. 따라서 선행사가 필요없습니다.

I love whoever loves the literature.
나는 문학을 사랑하는 사람은 누구든지 사랑한다.

Check Yourself !

Basic Grammar Focus

1 문장에 맞는 단어를 고르시오.

① The woman (whose, whom) I saw yesterday was young.

② He showed me all the stamps (whose, that) he had.

③ The doll (whom, which) Mother made was pretty.

④ Jane has a sister (whom, whose) name is Lucy.

⑤ I know a girl (that, whom) lives near your house.

2 관계대명사를 이용하여 두 문장을 연결하시오.

① That is the girl. We know her very well.

→

② Tom was the first boy. He came to school.

→

③ I have a friend. Her brother is a college student.

→

④ I know a boy. Everyone likes him.

→

⑤ Jane has a sister. Her name is Nancy.

→

3 ( ) 안의 단어를 정렬하여 바른 문장을 만드시오.

① I have (who, uncle, works, an) for a bank in Seoul.

→

② There is a (runs, big, which, river) through the city.

→

③ (she, book, the, read) yesterday was exciting.

→

4 두 문장의 의미가 같아지도록 두 번째 문장의 ( ) 안에
알맞은 단어를 쓰시오.

① Look at that boy with long hair.

→ Look at that boy ( ) ( ) long hair.

② It′s an old museum built sixty years ago.

→ It′s an old museum (   ) (   ) built six years ago.

③ Look at the pictures on the wall.

→ Look at the pictures (   ) (   ) on the wall.

④ I visited a city called Jeju.

→ I visited a city (   ) (   ) is Jeju.

5 whose를 사용하여 두 문장을 한 문장으로 만드시오.

① He is the customer. I lost his address.

→

② She is the novelist. Her book won first prize.

→

③ They are the children. Their team won the match.

→

④ You are the expert. We want your advice.

→

⑤ I′m the witness. My evidence led to his arrest.

→

1 관계대명사 who, whom, which를 사용하여 두 문장을
연결하시오.

① He´s the accountant. You recommended him to me.

➡

② She´s the nurse. I saw her at the hospital.

➡

③ They´re the postcards. I sent them from Spain.

➡

④ They´re the secretaries. Mr. Pym employed them.

➡

⑤ That´s the magazine. I got it for you yesterday.

➡

2 쉼표(,)와 관계대명사를 이용하여 빈 칸을 채우시오.

① My husband (   ) is on a business trip to
Rome all this week sent me this postcard.

② The person (   ) told you that story didn´t
know (   ) the was talking about.

③ Will driver (   ) vehicle has the registration number PXB2177 please move it.

④ The author Barbara Branwell (   ) latest novel has already sold over a million copies will be giving a lecture at the public library tomorrow.

⑤ The person (   ) you got that information from is my cousin.

⑥ The play Cowards (   ) opens at the Globe soon had a season on Broadway.

⑦ Cowards is the name of the play (   ) ran for over two years.

⑧ The thing that pleases me most is (   ) I´ll never have to ask for your help again.

⑨ The manager (   ) I complained to about the service hass refunded part of out bill.

⑩ Sally West (   ) work for the deaf made her famous has been killed in a car accident.

1 다음 문장에서 관계대명사를 찾아 바르게 고치시오.

① He is the man whom I believe did it.

② We didn´t care whom was chosen, so long as it was someone whom the other men liked.

③ I will give it to whomever wants it.

④ This is the work of a writer whom they say is greater than shelley or Keats.

⑤ This is the same person whom I saw in the train.

⑥ I went to Namiseom where is one of the beautiful scenery in Korea.

⑦ He is the boy whom I think will win the prize.

⑧ Thieves whom stole paintings from Notford art gallery have been arrested in Paris.

⑨ I heard many different accents I the room, but none which I could identify as British.

⑩ He just said anything which came into his head.

1 아래 글을 읽고 물음에 답하시오.

Once there was a farmer (①) lived with his wife and three children in a small house in a small village. He had two sons and one daughter. ② A big boy named Tom, a little boy Fred, and a little girl Jane, Christmas was coming and the children went to the toy shop to look at all the toys. There were ③ many kinds of dolls, toys, and many other things they wanted. "Jane,' said Fred, "What do you like the best?"

"Oh, ④ that little box in the window!" said Jane. On Christmas Eve Mother said, "We are so poor this year that we can't give you Christmas presents." But Jane hung up her stocking. Tom had twenty-five cents. He ran to the toy shop with it. He got the little box in the window, and he put it in Jane's stocking when he ran home.

1) ①에 들어갈 알맞은 단어를 고르시오.

  a. who   b. whose   c. whom   d. which

2) ② A big boy named Tom을 관계대명사가 들어간 문장으로 만드시오.

  A big boy (   )(   ) was Tom.

3) ③을 우리말로 번역 하시오.

4) 다음 문장을 ④의 문장과 같도록 만드시오.

  that little box (   )(   ) in the window!

5) 위 글의 내용과 일치하는 문장을 모두 고르시오.

  a. Tom bought a little box for himself.

  b. Fred wanted a little box in the window.

  c. The thing Jane wanted was in the window in the shop.

  d. The children went to the toy shop to buy Christmas presents.

  e. Jane was the only child that had a Christmas present.

6) 관계대명사를 이용하여 다음 글을 완성하시오.

In the village there was a toy shop (   ) (   ) many kinds of dolls, toys, and many other things.

2 다음 글을 읽고 물음에 답하시오.

When I was young, I often played with my friends on a hill near my house. There was a very big oak tree on the hill. There were other trees but this was the biggest tree and we liked to play around it very much. Almost every day we went to the tree and enjoyed playing a lot of games. Then one day we found we could not play on our hill. When we went there, a lot of people were working and changing the hill. They cut down the trees and ①the tree we loved very much was one of them. We did not know (②) to do. How sorry we were! Now houses and buildings stand there.

Our town has now ③(grow). It has become a big town with many stores and high buildings. Many people live in this town. Cars and buses run along the streets. But are we happy now? We have few trees and few birds. Now we cannot enjoy the songs of birds. We often heard them when we were children. They have gone. They need trees (④) give them food and homes.

Many countries in the world are losing their green

trees today. Some people say each country has its own reasons. But we must know that (⑤). So it is important for us to love the trees around us and to grow many trees.

1) ①을 우리말로 번역하시오.

(   )

2) ②에 들어갈 알맞은 단어는?

  a. what   b. where   c. how   d. which

3) ③을 알맞은 형태로 고치시오.

(   )

4) ④에 알맞는 단어는 무엇인가요?

  a. what   b. which   c. who   d. where

5) ⑤에 들어갈 알맞은 문장을 고르시오.

  a. we have enough trees

  b. we need a long, long time to grow trees

  c. trees grow slowly today

  d. we use no trees today

6) 이 글의 주제를 쓰시오.

(   )

3 아래 글의 주제를 쓰시오.

No one has to let errors of the past destroy his present or cloud his future. The glorious fact is that we can always have a new beginning. Naturally, a wise person will try to avoid feelings of guilt by avoiding the acts that cause them. He will look and exercise his moral judgment before he leaps. But if he does something wrong, he must accept his errors frankly, make an effort to obtain forgiveness, and make compensation if that is possible. Then he can go his way with an untroubled mind.

(   )

4 아래 글의 제목으로 가장 적절한 것을 고르시오

Have you heard the saying : "A problem shared is a problem halved"? If you keep your problem to yourself, it can seem a great deal worse than it really is. If you talk to somebody about your problem, you can come to see it in a different light.

Putting an emotion into words and saying it out loud often helps. Also, you will sometimes find that the person you talk to can convince you that there is really nothing to worry about at all.

① Sharing of Your Problems

② Difficulties of Keeping Promises

③ Aspects of Your Emotions

④ Understanding of Friendships

⑤ Effects of Critical Words

5 아래 글 바로 앞에 올 수 있는 내용으로 가장 적절한 것을 고르시오.

For every plus, however, there is a minus. For one thing, you might have a job, but unless it is very well-paid, you will not be able to afford many things because living in a city is often very expensive. What is more, public transportation is sometimes crowed and dirty, particularly in the rush hour. Last of all, despite all the crowds, it is still possible to feel very lonely in a city.

① 출·퇴근의 문제점　　② 도시 생활의 장점

③ 전원 생활의 고독감　　④ 높은 비용의 문제점

⑤ 농촌 생활의 장점

6 아래 글의 주제로 가장 적절한 것을 고르시오.

My belief is that all music has an expressive power, some more and some less, but that all music has a certain meaning behind the notes. That meaning constitutes what the piece is saying. This whole problem can be stated quite simply by asking, "Is there a meaning to music?" My answer to that would be, "Yes." And "Can you state in so many words what the meaning is?" My answer to that would be, "No." There lies in the difficulty.

① 작사의 기법　　② 음악의 의미

③ 작곡의 과정　　④ 악보의 구성

⑤ 표현의 자유

7 아래 글에서 밑줄 친 "it´s been dry"의 의미로 가장 적절한 것은 무엇인가요?

Betty was at her niece´s wedding recently. She wrote to me all about the great day, adding that the minister told some funny stories at the party. Among them was the tale of a priest who called on a member, and mentioned he hadn´t seen her in church recently. "No," she said, "it´s been awfully wet lately." The priest smiled. "But, Miss Smith," he reminded her, "it´s dry in the church." "Too true, <u>it´s been dry</u>," replied Miss Smith, "especially the sermons!"

① 피부가 꺼칠했다.　　② 재미가 없었다.

③ 비가 새지 않았다.　　④ 빨래가 말랐다.

⑤ 날씨가 건조했다.

8 아래 글이 주는 느낌으로 가장 적절한 것을 고르시오.

The smiling landscape of last summer is gone. There is neither the smell of the warm grass nor the scent of flowers and pines. The sun is setting. The flat land now rolls away to the horizon with the sky pressing down like a dark blanket. I scan the village, and there is no sign of movement. The whole village looks deserted. I find myself alone in the midst of isolation. Only occasional gusts of wind stir broken boughs and dust, threatening to blow away everything.

① noisy and busy

② exciting and festive

③ funny and humorous

④ lonely and gloomy

⑤ romantic and passionate

9 다음 글 뒤에 올 수 있는 내용으로 적절한 것은 무엇인가요?

Money is merely a convenient medium of exchange nothing more and nothing less. Before its invention, mankind used the barter system of trading objects for other objects or services. One pig might have been worth five chickens in trade ; a week's labor might have yielded one goat, and so on. Can you imagine the problems of carrying around enough livestock or grain to do one's weekly shopping? The barter system worked well until people started to move about more and to greater distances.

① 편리한 교환 수단의 출현

② 심각한 도시 교통난

③ 육체노동의 가치

④ 가축 사육 방법의 변천

⑤ 원거리 통신 장비의 문제점

10 아래 글의 제목으로 가장 적절한 것을 고르시오.

The Ndembu people of Central Africa believe that illness is often the result of the anger of a relative, friend, of enemy towards the patient. This emotion, they say, causes a tooth to enter the body of the patient and create disease. The healer calls together the victim's relatives and friends to watch a ceremony, at the end of which he "removes" the tooth from the patient's throat, arm, leg, etc. Although the patient and the villagers know what has happened-that the tooth has been hidden inside the healer's mouth the whole time, the patient is often cured.

① The Anger of the African People

② The Dentist of the Ndembu Villagers

③ The Enemies of the Ndembu People

④ The Kinds of Diseases in Central Africa

⑤ The Healing Ceremony of the Ndembu People

얌체는 통하지 않는 사회

Excuse me, sir. Back to the end of the line.
미안하지만, 선생. 뒤로 가서 서요.

미국사회에는 서열의식이나 계급의식이 희박해요. '모든 사람은 평등하다' 라는 평등주의(egalitarianism)가 사회 밑바닥에 깔려 있기 때문이죠. 한국사회는 점점 수평적으로 가고 있긴 하지만 아직도 수직적(vertical) 사회의 모습이 꽤 있어요.

영화 등을 통해서 접할 수 있겠지만 미국에서는 고용주(boss), 피고용인(employee), 혹은 나이의 상하는 중시되지 않습니다. 이들은 어떤 일을 할 때, "Who dose what first?"(무엇을 누가 하느냐)가 중요합니다. 따라서 문제가 생길 때, 가장 합리적으로 해결해주는 것이 **선착순**(先着順-First come, first served) 원칙이죠. 그러므로 줄을 서서 1시간이 걸리든 2시간이 걸리든 차례를 기다려야 하는 모습을 볼 수 있습니다.

우리나라도 요즘에는 줄서기가 일반화되어 화장실에서도, 지하철을 기다리면서도, 줄서기가 잘 되고 있습니다. 하지만 일부 얌체 같은 사람이 새치기(to cut into the line)를 할 때도 있죠. 그럴 때, 이렇게 말해보세요.

Sir, please move to the end of the line.

선생님, 뒤로 가서 서세요.

Hey buddy, back to the end of the line?

이봐요, 뒤로 가서 서요.

5

명사를 돕는 의리파 친구, 형용사

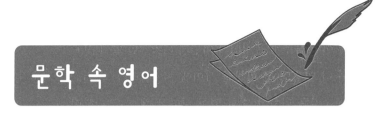

인생은 짧고 예술은 길다.
Life is short, art is long.

The old dog barks backward without getting up.
I can remember when he was a pup.

—in 〈Life-span by〉 Robert Frost.

그 늙은 개의 어릴 적을 알고 있는데 앉은 채로 고개만 돌려서 짖는구나.

프로스트Frost는 20세기 미국의 대시인입니다. 그는 New England의 자연을 배경으로 인간의 생활을 사실적으로 묘사하면서 윤리적이며 철학적인 주제를 다루었어요. 특히 전반적인 인생에 대해 시를 썼기 때문에 오랜 시간이 지난 지금까지도 많은 사랑을 받고 있습니다. 위 시도 마찬가지입니다.

동네에서 흔히 The old dog을 볼 수 있을 거예요. 프로스트는 이 개가 강아지일 때부터 잘 알고 있었다고 합니다. 지금은 늙어서 몸조차 움직이기 어렵게 되었지만 말입니다.

우리 인생도 눈 깜짝할 사이에 지나갑니다. 그러므로 한순간 한순간을 알차고 후회 없이 살아야 해요. 그리하여 예술보다 더 긴 아름다운 추억을 가슴속에 남기도록 하세요.

■ ■ ■

어려운 책, 재밌는 영어, 귀여운 동생, 자상한 어머니…, 그저 '책, 영어, 동생, 어머니'라고 하는 것보다 '어려운, 재밌는, 귀여운, 자상한' 등의 수식이 붙으니 더욱 실감나게 들리죠. 바로 형용사가 그런 역할을 합니다. 형용사가 있으므로 해서 문장은 더욱 빛을 내거든요.

스타는 언제나 매니저와 함께 다니죠? 스타가 반짝반짝 빛날 수 있도록 매니저가 최대한 옆에서 도와주잖아요. 그런 매니저 덕분에 스타는 방송이나 공연 전체가 빛나게 만들 수 있고요. 〈라디오스타〉라는 영화에서 박중훈(스타)이 울면서 안성기 (매니저)를 찾으며 '어서 와서 나 좀 비춰주라, 혼자서 빛나는 별은 없다며…' 하더라고요. 그것과 같아요. 명사 역시 형용사 덕분에 빛날 수 있습니다. 그렇게 되면 문장 전체가 매끄럽고 더욱 실감나게 되는 거죠.

 형용사의 용법

1. 한정용법과 서술용법

❶ 한정용법

형용사가 명사의 앞이나 뒤에서 **명사를 수식**하는 경우입니다.

This is a very famous garden.

Please give me something hot.

❷ 서술용법

형용사가 **보어**로 쓰이는 경우를 말합니다.

He is handsome.

2. 형용사의 어순

❶ -thing을 수식하는 형용사는 거의 뒤

I want to have something cold to drink.

마실 만한 시원한 것을 원해.

❷ the + 형용사 = 복수 보통명사

The poor are not always unhappy.
가난한 사람이라고 늘 불행한 것은 아니다.

 수사

1. 기수, 서수

기수는 쉽게 말해 숫자를 말합니다.

one, thirteen, fifteen, twenty, twenty-one, thirty, forty, one hundred

서수는 몇 번째인지(순서)를 말하는 겁니다. 이 때에는 first, second, third 이외에는 -th 를 붙입니다.

first, thirteenth, fifteenth, twentieth, thirtieth, fortieth, one hundredth

2. 수의 단·복수

hundred, thousand 는 복수가 없습니다.

seven hundred, seven thousand

하지만 million은 복수로 쓸 수 있습니다.

seven millions

3. 수 읽기

❶ 수 읽기

일 단위부터 **세 자리씩** 끊어서 읽습니다.

1,000,000,000 (billion : 십억, million : 백만, thousand : 천)

2,000 : two thousand, 30,000 : thirty thousand,

25,737 : twenty five thousand seven hundred (and) thirty seven

❷ 분수 읽기

분자는 기수로, 분모는 서수로 읽습니다.

1/2 : one half(또는 a half), 1/5 : one fifth(또는 a fifth)

3/7 : three sevenths, 2/34 : two and three fourths

❸ 연대 읽기

두 자리씩 끊어 읽습니다.

1900 : nineteen hundred

1978 : nineteen seventy eight

7월 7일 : July seventh

❹ 전화번호, 방번호 읽기

234 - 5678 : two three four five six seven eight

room 709 : seven ou nine

❺ 로마자 읽기

world Ⅱ : world war two = the second world war

Richard Ⅲ : Richard the third

 수량 형용사

1. a few와 few

수에만 쓰입니다. a few는 '약간 있다' 라는 **긍정**의 뜻이고,
few는 '거의 없다' 라는 **부정**의 뜻입니다.

She has a few friends.
그녀에게는 약간의 친구가 있다.

She has few friends.
그녀에게는 친구가 거의 없다.

2. a little와 little

양에만 쓰입니다. a little은 '약간 있다' 라는 **긍정**의 뜻, 그냥
little은 '거의 없다' 라는 **부정**의 뜻입니다.

He has a little money.
그는 약간의 돈이 있다.

He has little money.
그는 돈이 거의 없다.

173

3. many

수의 많음을 말합니다. 특히 many a+**단수명사**+**단수동사**에서도 '많은' 이라는 복수의 의미입니다.

Many a man took part in the meeting.
많은 사람들이 그 모임에 참석했다.

또 **a great many**로 사용하면 '**매우 많은**' 이라는 뜻을 가지게 됩니다.

A great many people know that seeing is believing.
매우 많은 사람들이 보는 것이 믿는 것이라는 사실을 안다.

4. much

양의 많음을 말합니다.

We had much snow last winter.
지난 겨울엔 눈이 많이 내렸다.

또 **not so much as~** 로 사용하면 '**~조차 못하다**' 라고 해석

합니다.

The child can´t so much as read his own name.
그 아이는 자신의 이름조차 읽지를 못한다.

not so much A as B로 사용하면 'A라기보다는 오히려 B이다'
라고 해석할 수 있습니다.

He is not so much a novelist as a teacher.
그는 소설가라기보다는 오히려 선생님이다.

■ 꼭 알아두기

수	셀 수 있는 복수명사와 쓰입니다	many, a few, few
양	셀 수 없는 단수명사와 쓰입니다	much, a little, little
수·양에 모두		some, any, a lot of, lots of

비교

1. 형용사의 비교변화

형용사의 비교변화는 중학교 때부터 많이 공부했을 거예요.
복습한다고 생각하고 살펴봅시다.

❶ 규칙변화

규칙변화는 원급이 비교급이 되려면 –er, 최상급이 되려면 –est
를 붙입니다.

young – younger – youngest, wise – wiser – wisest
large – larger – largest

만약 **단모음＋자음**이라면 자음을 한 번 더 쓰면 됩니다.

big – bigger – biggest

또 **자음＋y**라면 y를 i로 고치고 변화시키면 됩니다.

easy – easier – easiest, pretty – prettier – prettiest

more, most를 이용하는 비교변화는 대부분 2~3음절이상의
형용사입니다.

diligent – more diligent – most diligent
interesting – more interesting – most interesting

❷ 불규칙변화

good / well – better – best

bad / ill – worse – worst

old – older – oldest (나이)

old – elder – eldest (손위)

far – farther – farthest (거리)

far – further – furthest (정도)

❸ 원급비교

긍정비교	as…as	Your dog is as big as mine.
부정비교	not as…as	He is not as tall as I.

❹ 비교급

항상 **than**이 필요합니다.

I am taller than he.

❺ the + 비교급, the + 비교급

the + 비교급, the + 비교급은 '**~하면 할수록 점점 ~하다**' 라
는 뜻입니다.

The more he has, the more he wants.
인간은 가지면 가질수록 더 갖고 싶어 한다.

❻ 최상급 비교용법

최상급 앞에는 **the**를 붙여야 한다는 것은 앞에서 정관사를 공
부하면서 배웠던 거죠?

She is the cleverest girl in the class.

❼ 원급과 비교급이 최상급의 뜻

원급과 비교급이 최상급의 뜻을 나타낼 때가 있어요. 이런 경

우에는 해석이 매우 중요합니다. 아래 예문을 보세요. 문장의
의미는 모두 같습니다.

Hemingway is the most famous novelist.
헤밍웨이는 가장 유명한 소설가다.

= Hemingway is the most famous of all novelists.

= Hemingway is more famous than any other novelist.

= No other novelist is as famous as Hemingway.

= No other novelist is more famous than Hemingway.

Check Yourself !

Basic Grammar Focus

1 두 문장의 뜻이 같도록 알맞은 단어를 써 넣으시오.

① I didn´t have any food then.

= I had (   ) food then.

② There are a lot of beautiful places in Seoul.

= There are (   ) beautiful places in Seoul.

③ It rained a lot last year.

= We had (   ) rain last year.

④ That is my camera.

= That camera is (   ).

2 우리글에 맞도록 영어 문장을 완성하시오.

① 이 방이 너에게는 너무 작지만 나에게는 충분히 크다.

➞ This room is (   ) small for you, but it is

large (　　　) me.

② 그것에 대하여 아는 사람은 거의 없습니다.

→ (　　　) (　　　) knew about it.

③ 여기에 종이 몇 장이 있습니다.

→ Here are some (　　　) of (　　　).

④ 잔에는 우유가 좀 있습니다.

→ There is (　　　) (　　　) milk in the glass.

⑤ 돈을 얼마나 가지고 있습니까?

→ (　　　) (　　　) money do you have?

3 (　) 안의 단어를 비교급이나 최상급으로 만들어 완전한 문장을 만드시오.

① Mother gets up the (　　　) in my family. (early)

② Which is (　　　), this dog or that one? (big)

③ Which is the (　　　) of all these cameras? (good)

④ You watch TV (　　　) than I. (long)

4 두 문장의 뜻이 같도록 알맞은 단어를 써 넣으시오.

① Tom came here later than we.

= We came here (　　　) (　　　) Tom.

② I like science better than any other subject.

= I like science (   ) (   ) of all the subjects.

③ I walked faster than my mother.

= My mother walked (   ) (   ) than I.

④ Mary can sing better than Tom.

= Tom can't sing as (   ) (   ) Mary.

⑤ March is longer than February.

= February is (   ) than March.

⑥ My dictionary isn't as good as yours.

= Yours dictionary is (   ) (   ) mine.

⑦ Mt. Everest is the highest mountain in the world.

= Mt. Everest is (   ) than any other (   ) in the world.

5 우리글에 맞도록 영어문장을 완성하시오.

① 저 것은 세계에서 가장 긴 다리입니다.

→ That is (   ) (   ) bridge (   ) the world.

② 너의 이야기는 그의 이야기보다 더 재미있습니다.

→ Your story is (   ) (   ) (   ) his story.

③ 이것은 한국에서 가장 빠른 차 중의 하나입니다.

→ This is one of ( ) ( ) ( ) in Korea.

④ 여기가 서울보다 더 포근합니다.

→ It is ( ) ( ) here ( ) in Seoul.

⑤ 이 책이나 저 책 중 어느 책이 더 쉽습니까?

→ Which is ( ) ( ), this book or that one?

⑥ 모든 책 중 어느 책이 가장 재미있습니까?

→ Which book is ( ) ( ) ( ) of all?

⑦ 당신들 중 누가 가장 빠르게 일을 배울 수 있습니까?

→ ( ) can learn things ( ) ( ) quickly of you all?

6 ( ) 안에 맞는 단어를 선택하여 쓰시오.

① We have imported ( ) videos this year than last year. (fewer / less)

② There has been ( ) demand for videos this year than last year. (fewer / less)

③ ( ) effort has been put into this project. (a lot of / many)

④ There isn't ( ) hope of finding the wreck. (much / many)

⑤ There aren't (　　) dictionaries that can compare with this one. (much / many)

⑥ (　　　) book was written by someone else. (most / most of)

⑦ (　　　) metal is liable to rust. (most / most of)

⑧ I'd like (　　　) milk in this coffee, please. (a few / a little)

⑨ This room needs (　　　) pictures to brighten it up. (a few / a little)

⑩ There isn't (　　　) time to waste. (any / some)

⑪ We've had (　　　) trouble with this machine already. (enough / hardly any)

⑫ There have been (　　　) accidents on this corner this year. (a good deal of / hardly any)

⑬ We can't accept the estimates (　　　) estimate is low enough. (either / neither)

⑭ (　　　) examples prove that I am right. (both / neither)

⑮ There have been (　　　) changes in the new edition. (no / any)

7 괄호 안에서 알맞은 단어를 골라 문장을 완성하시오.

① How much did we make yesterday? 200 dollars?
No, (　　) than that. (much less / a few less)

② You've had enough food already and you can't
have (　　　　). (any more / some more)

③ There are (　　　　) people giving up
smoking these days. (much more / many more)

④ Newspapers have (　　　) freedom than
you think. (many less / much less)

⑤ (　　　　) young people are passing their
driving test first time. (lots more / much more)

⑥ I'll help myself to (　　) of these vegetables.
(some more / any more)

⑦ Have what you like. There are (　　　　)
where these came from. (plenty more / much more)

⑧ There's been (　　　　) interest in this idea
than we expected. (a lot less / many less)

⑨ We need (　　) of this material, but it's hard
to get. (many more / much more)

8 빈 칸에 some이나 any를 넣어 문장을 완성하시오.

① He's 90, but there's still (　　　) life in him.

② Get (　　　) meat and salad for the weekend.

③ Some people don't eat (　　　) meat.

④ You won't find (　　　) biscuits in that tin.

⑤ Get (　　　) bread while you're out.

9 빈 칸에 few, a few, little, a little 중 적당한 단어를 넣어 문장을 완성하시오.

① There are very (　　　) scholarships for students in this university.

② I'm sorry, but I'm going to have to ask you for (　　　) more time to pay this bill.

③ If you don't hurry we'll miss our train. There's (　　) time to spare.

④ It's a difficult text. I've had to look up quite (　　) words in the dictionary.

⑤ I can't spare any of these catalogues. There are only (　　) left.

Intermediate Grammar Focus

1 빈 칸에 less나 fewer를 넣어서 문장을 완성하시오.

① The (　　　) you pay, the (　　　) services you get.

② We've had (　　　) complaints this year.

③ I've had (　　　) lessons than you.

④ New cars need (　　　) servicing than old ones.

⑤ People have (　　　) money to spend this year.

2 아래 글에서 제시된 단어 중에서 알맞은 것을 선택하시오.

① Is your house much (further / farther)?

② Who is the (oldest / eldest) in this class?

③ Your driving is (worse / worst) than mine.

④ It's the (less / lesser) of two evils.

⑤ Have you heard the (last / latest) news?

⑥ We have no (further / farther) information.

⑦ Jane Somers writes (good / well).

⑧ His (latest / last) words were : 'The end'

⑨ This is the town's (oldest / eldest) house.

⑩ My flat is (littler / smaller) than yours.

⑪ I've got (less / lesser) than you.

⑫ Jane is (older / elder) than I am.

⑬ This is the (more / most) expensive.

⑭ His English is (best / better) than mine.

⑮ It's the (better / best) in the shop.

⑯ It's the (furthest / farthest) point west.

⑰ It's the (oldest / eldest) tree in the country.

⑱ I've got the (least / less)!

Advanced Grammar Focus

1 아래 번호에 a little, a lot of, a few, fewer, many, much 중 맞는 단어를 넣어서 글을 완성하시오.

Don't call us, we'll call you!

Two years ago! I moved to an new neighborhood. There seem to be very ① people in this area who are without telephones, so I expected to get a new phone quickly. I applied for one as soon as I moved into my new house. "We aren't supplying

② new phones in your area," an engineer told me. '③ people want new phones at the moment and the company is employing ④ engineers than last year so as to save money. A new phone won't cost you ⑤ money, but it will take ⑥ time. We can't do anything for you before December.' You need ⑦ patience if you're waiting for a new phone and you need ⑧ friends whose phones you can use as well. Fortunately, I had both. December came and went, but there was no sign of a phone. I went to the company's local office to protest. 'They told me I'd have a phone by December,' I protested. 'Which year?' the assistant asked.

Power Reading and writing

1 아래 글의 내용을 가장 잘 표현한 속담은?

A cent is worth so little that we don't usually bother to pick it up on the street. It's difficult to gather between finger and thumb, and the reward seems hardly worth the effort. But, with a little extra effort, these little coins are picked up by goodwill organizations. One person picks up ten coins, ten people pick up 100 coins and so on until they turn into hundreds, thousands, even millions of dollars. All this money is being used to help thousands of homeless and hungry people around the world.

* reward : 보상

① No news is good news.

② Like father, like son.

③ Many drops make a shower.

④ Strike while the iron is hot.

⑤ There is no place like home.

2 아래 글에서 필자의 어조는 어떠한가요?

In a meeting of Animal Space Scientists, the chimpanzee proudly announced, "We sent a rocket to the moon. It stayed there for a whole month before making the long trip back to Earth."

"That´s nothing," said the fox. "We already sent our spaceship to start the first colony on Mars."

"We can beat you both," said the pig. "We´re going to send a rocket straight to the sun." The chimpanzee and the fox laughed loudly and said, "Don´t be silly. The rocket will melt before it gets there."

"No, it won´t," said the pig. "We´re sending it up at night."

① 분석적

② 방관적

③ 감상적

④ 사실적

⑤ 해학적

3 아래 글에서 밑줄 친 <u>They</u>가 의미하는 것은 무엇인가요?

<u>They</u> prepare their ship with water, food and equipment. Then they set out to sea and travel to the right area. They start work with their

underwater metal detectors in the areas marked on the old maps they have. Sometimes they can spend days without locating the wreck, a sunken ship. Then one day they suddenly see something on the metal detector's screen : the wreck! Immediately they stop the boat and go down to look at the wreck. Sometimes they find old boxes full of gold coins or silver cups or jewelry.

(   )

4 아래 글이 주는 분위기를 고르시오.

The town didn't look the same. The downtown area had begun to change early in the morning. Car club members were parading down the street. The men and women walking down the main street were wearing leather jackets as if they had just arrived in a time machine. The music echoing from Shain Park stirred memories of a simpler time. Young kids were competing to see who could blow the biggest bubble in town. Youngsters were showing off their creatively decorated bicycles to get a free lunch. Some were dressed up for a fashion contest.

*stir : bring up

① sad   ② lonely   ③ calm

④ humorous   ⑤ festive

5 아래 글에서 주인공이 처한 상황을 간단히 쓰시오.

While holding a fishing rod on the river bank, a little girl suddenly felt something and saw the fishing rod bowing like a question mark. She grasped it tightly as a powerful fish took her line. The stones on the river bank rolled under her feet, and she was being pulled into the river. The seven-year-old girl looked around in fear, but couldn't see anybody. Though she tried hard to pull the fish towards her, she was pulled deeper into the river. She was about to be drowned by the creature.

(   )

6 밑줄 친 any higher에 대해 선생님이 의도한 뜻과 Jack이 이해한 뜻을 가장 잘 짝지은 것은 무엇인가요?

It was a math class. The day's lesson was on how to count. "All right, Jack," the teacher said to the first grader. "Let's see you count."

Holding out his hand, Jack counted off the numbers. "One, two, three, four, five."

Smiling, the teacher said, "Very good, but can you count any higher?"

Jack was very glad to do it again in front of everyone. Lifting his hand high over his head, the boy counted off the same numbers without changing his voice. After Jack finished, the teacher said, "No, Jack. I mean, continue counting from six."

선생님이 의도한 뜻	Jack이 이해한 뜻
① 더 큰 수까지	더 큰 목소리로
② 더 큰 수까지	손을 더 높이 들고
③ 더 큰 목소리로	손을 더 높이 들고
④ 더 큰 목소리로	더 큰 수까지
⑤ 손을 더 높이 들고	더 큰 수까지

7 아래 글의 요지로 가장 적절한 것은 무엇인가요?

It is so easy to be reactive! You get caught up in the moment. You say things you don´t mean. You do things you later regret. And you think, "Oh, if only I had stopped to think about it, I would never have reacted that way!" Clearly, our lives would be better if we acted based on our deepest values instead of reacting to the feelings of the moment. What we all need is a 'pause button'—something that enables us to stop between what happens to us and our response to it.

① 자기감정을 표현하라.　② 원대한 목표를 세워라.
③ 순간을 소중히 여겨라.　④ 매사에 최선을 다하라.
⑤ 행동에 앞서 생각하라.

8 다음 글을 쓴 목적으로 가장 적절한 것은 무엇인가요?

For the past 25 years you have been a valued and respected employee of this company. Since you started in the mail room in 1979, your contributions to this firm have been invaluable. Your skills led to your being promoted to executive secretary in 1992. Thus, it is safe to say that without your contributions over the years, we would not be as successful as we have been. On behalf of all the executives, we wish you well and hope you enjoy your well-earned retirement.

① to advertise　　② to recommend　　③ to reject

④ to warn　　　　⑤ to thank

9 아래 글은 아시아 국가의 무엇에 관한 것인지 간단히 쓰시오.

The International Monetary Fund (IMF) said that economic trouble affecting Asian countries will begin to get better by the first half of 1999. It warned, however, that they have to give up the high economic growth rates of the past. An officer of the IMF said the troubled economies would recover from the present economic hardships by the second half of 1999. He added the IMF could not be exact about the timing of a recovery. That would, according to him, depend on how effective governments were in dealing with their economic problems.

(   )

10 필자가 묘사하는 사람에 관한 설명 중에서 본문에 언급되지 않은 것을 고르시오.

It is as a pupil and admirer that I stand at the grave of the greatest man who taught me in college. His intellect led the way from earlier work to later achievements of modern science. He shaped his life, down to the smallest detail, like a fine work of art. His never-failing kindness and his sense of justice made him a leader in any society he entered. Everyone followed him gladly, for they felt that he never set out to govern but only to serve.

① 예술품을 좋아했다.   ② 정의감이 있었다.
③ 훌륭한 과학자였다.   ④ 대학에서 강의했다.
⑤ 사람들에게 친절했다.

'곧'이 대체 언제야?

How long is soon?

미국은 아주 바쁘게 움직이는 동적(動的)인 사회입니다. 대부분의 직장인들이 일에 쫓기고요. 뭐, 우리나라도 다를 것이 없지만 말입니다. 그렇게 바쁜 사회여서 미국인들은 자기들의 시간을 철저하게 관리하는 습관이 몸에 배어 있어요. 직장의 상사도 단위시간별 일의 진척을 부하직원에게 묻거든요. 그래서 점심식사도 재빨리 해치우는 편입니다. 패스트푸드 음식점이 많은 이유도 바로 그런 것 때문입니다. 사무실에서는 업무 이외의 잡담(small talk)도 피해야 하고요. 또 상담을 하더라도 곧 본론에 들어가는(getting to the point)게 그들의 특징입니다.

미국에서 가장 성공했다는 사업가들은 대개 사무실에 출근하자마자 그날의 할 일을 중요한 순서대로 소요시간까지 적습니다. 일단 timetable이 결정되면 부득이한 상황이 되지 않는 한 절대 변경하지 않아요. 근무시간에 친구가 연락이 오더라도 이렇게 말하죠.

"I´m sorry, I´ve got a full schedule. Can I call you this evening?"

철저하게 '일할 때 일하고, 놀 때 놀자(Work while you work, play while you play.)'의 마음가짐이죠.

실제 있었던 다음 대화를 잘 보세요. 문화의 차이를 확실히 느낄 수 있을 거니까요.

Korean   : We´re going to repair your sink on Saturday.

American : When?

Korean   : Some time on Saturday.

American : What time on Saturday?

Korean   : Maybe in the morning.

American : Closer to noon or closer to nine?

Korean   : Closer to nine.

American : How long will it take?

Korean   : Not long. (He grows so impatient.)

American : How long?

Korean   : Well, I don´t know.

American : Yes, you must know. Is it close to 5 minutes
or close to 2 hours?

Korean　　: It′s close to one hour.

6

글 속의 빛나는 보석,
부사

내 가슴은 뛰고

My heart leaps up when I behold

A rainbow in the sky:

So was it when my life began;

So is it now I am a man;

> −in 〈My Heart Leaps Up〉 by william Wordsworth.

하늘의 무지개를 바라볼 때면

내 가슴 언제나 설레고

내 인생이 시작되었을 때도

이제는 어른이 된 지금도 그러하리.

윌리엄 워즈워드 *William Wordsworth*는 18세기 말 영국의 낭만주의 시인으로서 지금도 많은 영국인들로부터 사랑을 받고 있습니다. 지은이는 어린 날 무지개를 보고 가슴이 뛰는 것을 느꼈는데 어른이 된 지금도 여전히 어렸을 때와 마찬가지로 가슴이 뛴다고 하였습니다.

어린이의 영혼은 순수하고 맑습니다. 인생을 살면서 어렸을 때의 순수함을 그대로 간직하고 일생을 사는 사람들은 이 세상에 몇 명쯤 될까요?

여러분들도 이 시의 지은이처럼 무지개를 바라보았던 어린 시절의 그 천진무구함으로 일생을 살기를 기원합니다.

■　■　■

부제, 부업, 부식 등의 공통점은 뭘까요? 다들 돕는 역할을 합니다. 부제는 제목을 더욱 알기 쉽게 도와주고, 부업은 직업 이 외의 수익을 올리도록 돕고, 부식은 간식거리로 주식을 제외한 영양소 섭취를 돕죠. 이 때의 '부' 자는 '副(도울 부)' 를 씁니다.

자, 그렇다면 '부사' 는 어떤 일을 할까요? 벌써 눈치가 빠른 친구들은 너무 쉽다며 회심의 미소를 짓고 있을지 모르겠군요. 부사 역시 다른 품사를 수식해서 그 뜻이 더 세밀하게 전달되도록 돕습니다. 즉 문장에서 부사 자신과 형용사, 동사를 수식합니다.

예를 들면 She is very beautiful에서 beautiful이라는 형용사를 부사 very가 수식해주는 거죠. 이 밖에도 위에서 말했듯이 부사 자신이나 동사까지 수식하는 등 많은 역할을 한답니다.

 부사의 용법

1. 부사 만들기

형용사+ly	kind-kindly, slow-slowly
y로 끝나는 형용사는 y를 i로 고치고 ly	easy-easily, happy-happily
le로 끝나는 형용사는 e를 없애고 ly	gentle-gently
ue로 끝나는 형용사는 e를 없애고 ly	true-truly

2. 형용사, 부사

형태는 같지만 다른 의미로 사용된 경우가 있어요. 그 종류로는 long, hard, early, late, fast 등이 있습니다.

There is a long river in our town.
우리 마을에는 긴 강이 있다.

He lived long.
그는 오래 살았다.

He has a hard work.
그는 힘든 일을 한다.

He works hard.
그는 열심히 일한다.

3. −ly로 변하는 것

형용사와 같은 형태의 부사에 −ly를 붙였을 경우, 의미가 다른 부사가 됩니다. 적정한 예로 형용사 late에 −ly를 붙이면 '늦게' 라는 뜻과 '최근에' 라는 뜻이 됩니다.

I went to bed lately yesterday.
나는 어제 늦게 잠자리에 들었다.

I haven't seen her lately.
최근에 보지 못했다.

hard	어려운, 열심히	hardly	거의~않다
late	늦은, 늦게	lately	최근에
high	높은	highly	매우

■ 꼭 알아두기

명사 + ly = 형용사

명사에 −ly가 붙으면 부사가 아닌 형용사입니다.

man−manly 남자다운, love−lovely 사랑스러운

She is my lovely darling. 그녀는 나의 사랑스러운 연인이다.

 부사

1. 부사의 용법

부사는 여러 가지 일을 해요. 형용사는 명사나 대명사를 수식
하지만 부사는 동사, 형용사, 부사는 물론 명사나 대명사까지
수식합니다.

부사를 수식	He had the lunch very much.
동사를 수식	He works hard.
형용사를 수식	She is very beautiful.
명사나 대명사를 수식	Even a child can know it.

2. 부사의 위치

❶ 횟수, 정도 부사

몇 회 등을 말하는 부사나 정도를 나타내는 부사는 무조건 **동사
앞**에 옵니다.

He always goes to his uncle´s during winter vacation.

207

❷ be동사, 조동사와 부사의 위치

be동사나 조동사와 함께 쓰일 때는 **부사가 뒤**에 옵니다.

The rich are not always happy.

She has always been busy.

❸ 시간부사

시간부사는 문장의 **앞**이나 **뒤**에 둡니다.

He came to see me yesterday.

Yesterday he came to see me.

❹ 문장 전체를 꾸미는 부사

문장 전체를 꾸미는 부사는 문장의 **맨 앞**에 옵니다.

Fortunately he passed the entrance examination.

3. 관계부사

❶ 장소의 관계부사

장소를 나타내는 관계부사는 **where**를 사용합니다.

This is the country.

He was born in it.

the country와 it가 공통이고 the country가 장소를 말하는 선행사이므로 관계부사 where를 씁니다.

This is the country where he was born.

❷ 시간의 관계부사

시간을 나타내는 관계부사는 **when**을 사용합니다.

It´s seven o´clock.

We saw at that time.

seven o´clock과 at that time이 공통이고 시간을 나타내므로 관계부사 when을 씁니다.

It´s seven o´clock when we saw.

❸ 이유의 관계부사

이유를 나타내는 관계부사는 why를 사용합니다.

I don´t know the reason.
She went there for reason.

reason이 공통이고 이유를 나타내므로 관계부사는 why를 씁니다.

I don´t know the reason why she went there.

❹ 방법의 관계부사

방법을 나타내는 관계부사는 how를 사용합니다.

This is the way.
He has solved the problems in the way.

(그 방법으로) way가 공통이고 방법을 나타내므로 관계부사는 how를 씁니다.

This is the way why he has solved the problems.

4. 주의해야 할 부사 용법

부사 용법 중에서는 뜻이 같아 헷갈리지만 구분해서 사용해야
하는 것들이 많습니다. 따라서 표로 간단히 정리해두겠습니다.

❶ very와 much

very 원급, 현재분사를 수식	This book is very expensive. (원급) This novel is very interesting. (현재분사)
much 명사나 대명사를 수식	The dog is much faster than the cat. (비교급) She is much interested in drama. (과거분사)

❷ too와 either

too 긍정문	She is a novelist, too. 그녀는 역시 소설가이다.
either 부정문	She is not a novelist, either. 그녀는 역시 소설가가 아니다.

❸ enough의 위치

형용사로 쓰일 경우 (명사앞)	I have enough money to buy a piano. 나는 피아노를 살 만큼 충분한 돈이 있다.
부사로 쓰일 경우	The child is old enough to go to school. 그 아이는 학교에 가기에 충분한 나이이다.

❹ ago와 before

ago 과거형	I lived in Suwon ten years ago. 나는 10년 전에 수원에 살았다.
before 과거, 현재완료, 과거완료	I have finished this work before ten. 나는 10시 전에 이 작업을 마쳤다.

❺ already와 yet

already 긍정문	I have finished my homework already. 나는 이미 내 숙제를 끝마쳤다.
yet 부정문, 의문문	I have not finished my homework yet. 나는 아직 숙제를 끝마치지 못했다.

❻ just와 just now

just 현재, 현재완료	I have just finished my homework. 나는 막 숙제를 끝마쳤다.
just now 과거	She came back just now. 그녀는 방금 전에 (집에) 돌아왔다.

❼ only의 위치

형용사 역할	She is his only daughter. 그녀는 유일한 딸이다.
부사 역할	Only a child can do it. 어린이도 그것을 할 수 있다.

❽ so와 neither

so 긍정문	He will go there. So do I. (=I will go there, too.) 그는 거기에 갈 것이다. 나도 마찬가지이다.
neither 부정문	He doesn′t like coffee. Neither do I. (=I don′t like coffee, either.) 그는 커피를 좋아하지 않는다. 나도 마찬가지이다.

Check Yourself !

Basic Grammar Focus

1 still, yet 또는 already를 문장의 적당한 곳에 넣어서 완성하시오.

① The children are at the cinema.

② I haven't met your brother.

③ Jim works for the same company.

④ Has she phoned you?

⑤ The new law hasn't come into force.

⑥ Have you had breakfast? I've had it, thanks.

⑦ I haven't received an invitation to the party.

⑧ I have received an invitation to the party.

⑨ Have you finished eating?

⑩ Haven't you finished eating?

2 since나 ago 중 하나를 적당한 곳에 넣어서 문장을 완성하시오.

① When have you been interested in jazz?

② I saw your mother a week.

③ I started work here seven months.

④ I saw her last week and haven′t seen her.

⑤ I haven′t been home 1987.

⑥ How long did you become a director?

3 by나 till 중 하나를 넣어서 문장을 완성하시오.

① I′ll wait (　　) Monday before answering his letter.

② I intend to stay in bed (　　) 10 o′clock tomorrow morning.

③ Your suit will be ready (　　) Friday.

④ Your suit won′t be ready (　　) Friday. You can collect it then.

⑤ Your suit won′t be ready (　　) Friday. You can collect it next Monday.

⑥ I′m sure I will have left (　　) Monday.

⑦ Your aunt says she won′t leave (　　) Monday.
Monday′s the day she′s going to leave.

4 in, during, for 중 적당한 단어를 넣어서 문장을 완성하시오.

① It was very hot (　　　) August.

② I was sent abroad (　　　) my military service.

③ It rained (　　　) the night.

④ I′ll see you (　　　) the lunch hour.

⑤ I woke up twice (　　　) the night.

⑥ I tried to get a taxi (　　　) a whole hour.

⑦ Many people gave up (　　　) the course.

⑧ I suddenly felt ill (　　　) my speech.

⑨ The was an accident (　　　) the race.

⑩ I sleep (　　　) the daytime.

⑪ I′m going abroad (　　　) June.

⑫ Can you hold your breath (　　　) two minutes?

5 much, any, far, a lot 중 하나를 넣어서 문장을 완성하시오.

① I′m not (　　　) good at maths.

② You´re (   ) quicker than me.

③ This is (   ) more expensive.

④ This is (   ) the best way to enjoy yourself.

⑤ I can´t go (   ) faster.

⑥ Those two recordings aren´t (   ) different.

⑦ I don´t (   ) like people who show off.

⑧ I (   ) prefer swimming to cycling.

⑨ This machine isn´t (   ) use.

⑩ You´re (   ) thinner than when I last saw you.

Intermediate Grammar Focus

1 very, too, very much, too much 중 맞는 단어를 넣어
서 문장을 완성하시오.

① I hear Jack has been (   ) ill.

② I can´t go (   ) faster than I´m going.

③ Go slower. You´re driving (   ) fast for me.

④ She didn´t think my work was (   ) good.

⑤ I can´t afford that. It´s (   ) expensive.

⑥ If you think that, you are (   ) mistaken.

⑦ This project has (   ) interested our time.

⑧ I didn't enjoy the meal (   ).

⑨ Susan's paintings have been (   ) admired.

⑩ I always try and buy the (   ) best.

⑪ She's (   ) intelligent to believe that.

⑫ The Antarctic would be (   ) cold for me.

⑬ I (   ) like your idea.

⑭ The new XJ6 is (   ) faster than the old one.

⑮ We were (   ) late, but we just got the train.

⑯ We were (   ) late, so we missed our train.

⑰ We have (   ) missed you.

⑱ Your children get (   ) much pocket money.

⑲ He hasn't got (   ) much money.

⑳ I've been (   ) alone lately.

㉑ How did you enjoy last night's film? I enjoyed it (   ).

㉒ So you didn't buy the picture in the end! No, it cost (   ).

㉓ I think you should take a coat with you. Yes, I

will. It's (   ) cold outside.

㉔ Is that lobster alive? Yes, it's (   ) alive.

㉕ Was that car expensive? Yes, (   )!

㉖ Are you thirsty? Yes, (   )!

㉗ Did you spend a lot of time on it? Yes, (   )!

㉘ I don't like sitting in the smoking compartment.
I agree. There's (   ) smoke.

㉙ Why aren't you buying those shoes? They're
(   ) large for me.

㉚ Those shoes are very large! Yes, but not (   )
large!

2 too나 either 중 하나를 넣어서 문장을 완성하시오.

① I like walking and I like cycling, (   ).

② I met John and I met his wife, (   ).

③ I don't swim and I don't run, (   ).

④ He runs a restaurant and a hotel, (   ).

⑤ I can't knit and I can't sew, (   ).

Advanced Grammar Focus

1 아래 번호에 already, immediately, this week, still, then, yesterday, yet 중 하나를 넣어서 글을 완성하시오.

Fit for humans, but not for pigs.

① there´s going to be festival of British Food and Farming in Hyde Park in London. The festival hasn´t begun ② and farmers are ③ bringing their animals. But a pig farmer has ④ run into a serious problem. ⑤ he arrived with his pigs from the Welsh Hills-hundreds of miles away. The pigs were very thirsty when they arrived in Hyde Park and the farmer ⑥ gave them some London water. ⑦ he got a big surprise because the pigs refused to drink the water. London water is fit for humans but not for pigs!

2 아래 번호에 during, in, by, till, since, for, ago 중 하나를 넣어서 글을 완성하시오.

Peace and Quiet.

I moved to this area seven years ①. ② years I have had noisy neighbours. Ever ③ I moved into this flat, I've had to put up with noise ④ the night. I decided I'd had enough and I've been looking for a new flat ⑤ the beginning of the year. I haven't found anything ⑥ now. Every week I go to the local estate agent's office, but it's the same story. "I might have something ⑦ the end of the week," he says, or, "wait ⑧ next week. I think I might have a few flats ⑨ then." I've seen a few flats ⑩ my search, but I don't like any of them. One flat I saw has been empty ⑪ two years. "It's got a busy road on one side and a railway on the other!" I exclaimed. "I want peace and quiet." Last week I visited the agent again. "I won't leave ⑫ you show me something," I said. He smiled and said, "I've got just the flat for you." I went to see it and I was horrified. "But it's next to a cemetery!" I cried. "But you won't have noisy neighbours," my agent said. "It's ideal for peace and quiet!"

1 아래 글에서 지은이가 강조하는 내용을 고르시오.

Science and technology have changed a great deal since the latter part of the nineteenth century. The world has changed, too. It has become more complex and increasingly specialized. There is much more to know in every field. It is not only the scientist and the computer expert who need special training now, but also the government official and the business manager. Besides, a rapid increase in the number of college graduates has made the competition for jobs much greater than it used to be. The one best qualified, the expert, wins.

① 기업 육성의 방향　② 대학 증설의 문제점

③ 상호 발전의 이점　④ 전문가 육성의 필요성

⑤ 과잉 공급의 폐단

2 아래 글의 중심내용을 간단히 쓰시오.

People are happy with developments in medicine. Then they worry about the increased number of births. Scientists make great advances in agricultural chemistry, greatly increasing our food supply. Then our rivers become so polluted that we cannot even swim in them. We are happy with the developments in air transportation and impressed by the great airplanes. Then we are frightened by the horrors of air crash or air war. We are excited by the fact that space can now be entered. But we will undoubtedly see the other side there, too.

(   )

3 아래 글 바로 뒤에 올 수 있는 내용으로 가장 적절한 것은?

As the snow piles up higher in a woodland over the course of winter, it creates advantages and problems for animals. For the rabbit, deep snow may provide food. Since it feeds on the winter buds of young trees, the deeper icy snow helps the animal to reach more buds. What's more, sometimes the weight of the snow causes some trees to bend to the ground. This means their tender tops are easier to reach for the rabbit. On the other hand, the situation is the opposite for deer.

*bud : 새순

① 쌓인 눈이 토끼에게 주는 이점
② 쌓인 눈이 사슴에게 주는 이점
③ 토끼가 새순을 좋아하는 이유
④ 쌓인 눈이 토끼에게 주는 피해
⑤ 쌓인 눈이 사슴에게 주는 피해

4 아래 글의 제목을 영어로 쓰시오.

Every form of art is good for everyone. It is felt, enjoyed, and experienced. The appreciation of art results in a happier feeling and deeper understanding of other people and the world. Art enriches our spirit. Reading stories and poetry, for instance, can help us to understand and improve our own situations. In other words, art is a creation that lifts our human spirit. Because of art, our lives are better. The painter, the writer, the musician—all artists contribute to a better life for everyone.

(   )

5 다음 글의 제목으로 가장 적절한 것을 고르시오.

Competition is an important part of development in many ways. At the personal level, competition allows us to become the best individual we can be. By competing with others in sports, for example, we can raise our level of athletic performance. In business, competition controls the market by making companies develop new ideas to ensure survival. Within industries, companies are always trying to develop products that are one step better than those of other companies. For those who fail to compete successfully, their very survival can be in question.

① The Life of Athletes

② The Control of Market

③ The Role of Companies

④ The Function of Society

⑤ The Importance of Competition

6 아래 글에서 국가안보에 관하여 필자가 주장하는 내용을 간단히 쓰시오.

The idea of achieving security through an arms race is a false belief. It rose out of the fact that America first produced and used an atomic bomb to win World War II. Some people still believe that they can achieve security by showing force. But military build-up is costly, and often leads to greater destruction. What is the use of security if everything is destroyed? Therefore, instead of seeking security through means of mass destruction, we should achieve it through global understanding and cooperation before it is too late.

*security : 안보

(   )

7 아래 글 바로 앞에 올 수 있는 내용으로 가장 적절한 것은?

The government of Nepal is trying to solve the problem. Now you cannot climb Mount Everest without special permission from the government of Nepal. In May 1993, they allowed a team of Americans to climb Everest, but they asked them to bring back waste on their way back down. The team brought down 2,850kg of waste from the highest slopes of the mountain. There were food containers, empty oxygen bottles, and old climbing equipment. This was the start of a plan to clear all the waste from Mount Everest.

① 통신 시설의 낙후성　　② 등산 장비의 결함

③ 조난 사고의 심각성　　④ 정상 등정의 어려움

⑤ 에베레스트산의 오염

8 아래 글을 쓴 목적을 간단히 쓰시오.

I won't say, "You shouldn't have done it," because that is a worn-out expression. But I will say that you were so generous that you took our breath away, even accustomed as we are to your thoughtfulness.

All members of the family are enjoying your gifts to the fullest. We all appreciate them, and are writing you separately. My special appreciation for the fantastic ring. It will remind me of you whenever I wear it, and I promise you I'll not often be without it.

(   )

9 아래 글에 나타난 필자의 심정은 맞게 표현한 것은?

I work in an office with several other secretaries. Most of us are efficient and hard-working, and are relaxed with each other. One among us, however, is almost always late to work, and when she does arrive, she reads the newspaper and makes several personal phone calls. Some of us are bothered by this woman's bad behavior. But nobody wants to say anything to the boss because we don't want to hurt our working relationship. We would appreciate some guidance, since things will soon become too difficult to stand.

① 후련하다　　② 무심하다　　③ 답답하다

④ 흐뭇하다   ⑤ 죄송하다

10 아래 글 다음에 올 글로 가장 적절한 것은?

(A) But following my father's recent advice, we

I was at a friend's house last week, and everybody wanted to play a different computer game.

wrote down the names of the games and put them in a hat.

(B) That way no one could say that it was not fair, and we had a fun time together.

(C) In situations like this, I used to lose my temper when I was much younger.

① (A)—(C)—(B)   ② (B)—(A)—(C)

③ (C)—(A)—(B)   ④ (B)—(C)—(A)

⑤ (C)—(B)—(A)

시간은 돈

Time is money.

앞장에서 말했듯이 미국인들은 시간관념이 철저하다고 했잖아요. 따라서 이들의 머릿속 깊은 곳에는 '시간은 돈이다' (Time is money)라는 생각이 있습니다. 이 격언(aphorism)은 단순히 말에 그치지 않고 인생관을 보여줍니다.

여기에 관련된 한 일화가 있어요. 어떤 미국인 매니저가 자기 사무실에서 거래서한(business letter)을 타이핑하고 있었습니다. 우연히 그 옆을 지나던 사장이 이를 보고 무엇을 하는지 물었죠. 그는 "I'm typing a business letter."라고 대답했어요. 그 말을 듣고 대뜸 사장은 "Why don't you let the secretary type it?"(비서를 시키지 그래)라고 했죠. 그래서 그는 "I don't mind doing it."(제가 해도 괜찮아요)라고 했습니다. 사장은 답답한 듯이 말했죠. "That's not the point it." (이야기는 그것이 아니야)

이유를 차근히 들어보니 그의 시간당(時間當)급료와 비서의 시급(時給)을 비교했던 거예요. 비서보다 월급이 많은 그가 비서가 해야 하는 타이핑을 함으로써 비서는 놀고, 그는 자신의 업무를 그만큼 하지 못한 것이니 회사의 재정적인 손실을 끼쳤다고요.

시간에 관련된 일화가 또 하나 있어요. 어느 미국인 여자가 의사와 오후 2시에 검진 약속을 했습니다. 이 여자는 2시가 조금 못되어 병원에 도착했는데도 의사는 오후 4시가 되어서야 나타난 거예요. 검진을 마치고 집에 돌아간 그녀는 열심히 계산기를 두들겨 자신의 시급(時給)을 산출해냈습니다. 그러고 나서 그녀는 자기의 시급에 두 배를 곱한 돈을 진찰료(doctor′s bill)에서 공제해버렸죠. 하지만 의사는 그녀의 논리(reasoning)를 반박할 수가 없었답니다.

7

동사를 알면
영어가 보인다고?!

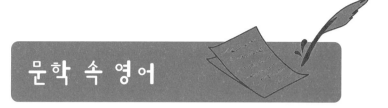

정말 여자는 약한가?

Frailty, thy name is woman!

－in Hamlet by Shakespeare.

약한 자여, 그대의 이름은 여자로다.

정말 여자는 약한가요? 만약 여학생이 이 책을 읽고 있다면 스스로에게 물어보세요. 과연 여자는 약한 존재일까…. 여러분, 우리들의 어머니를 생각해보면 그 답을 알 수 있어요. 여러분이 현재 편하게 입고, 자고, 먹기까지 어머니는 어려운 시절을 모두 겪으셨어요. 오로지 자식을 위해서 말이죠. 이렇게 나라가 강하게 된 것도 강한 어머니들이 있어서일 것입니다. 따라서 결코 여성은 약하지 않습니다. 그 어떤 남자보다 강합니다.

윌리엄 셰익스피어William Shakespeare는 영국이 자랑하는 작가로 영국의 영어를 세계 공용어로써 만든 장본인이죠. 따라서 영국인은 그 무엇과도 셰익스피어를 바꿀 수 없다고 했습니다. 셰익스피어의의 4대 비극을 알고 있나요? Hamlet, Othello, King Lear, Macbeth 입니다. 열심히 영어를 공부해서 위 작품들을 꼭 원어로 읽어보시기 바랍니다. 분명 작품 속의 문학적인 아름다움에 푹 빠질 테니까요.

■ ■ ■

회화를 할 때, 가장 쉬운 방법이 동사를 말하는 거예요. 문장 전체가 구성되지 않더라도 동사 한 마디를 한다면 상대도 알아들을 수 있거든요. 예를 들어 '이쪽으로 빨리 오세요'라고 이야기를 해야 한다면 그냥 'come'이라고만 해도 어느 정도 의사전달이 됩니다. 혹은 길을 가다가 맛있는 떡볶이를 팔고 있다면 '우리 이거 먹을까?' 하고 친구에게 말을 하고 싶을 때, 그냥 'eat?'라고 해도 이해할 겁니다. 이렇듯 동사는 주인공의 행위, 감정, 상태 등을 직접 표현함으로써 문장에 생명을 불어넣는 최고의 품사입니다. 그런 만큼 아주 변화무쌍한데요. 시제별로 나뉘기 때문에 여러분이 더욱 어려워할 겁니다. 이번 기회에 동사의 시제를 확 잡도록 합시다.

 **동사의 시제**

1. 현재시제

현재시제는 **사실, 습관, 진리(격언), 미래, 부사절의 용법** 등을 나타냅니다. 또한 가장 기본적인 동사의 모습이라고 할 수 있죠. 표로 정리해봅시다.

사실을 말할 때	He lives in Seoul.
현재의 습관을 말할 때	She studies English every night.
진리, 격언을 말할 때	The earth move round the sun.
미래를 대신하여	The train leaves Seoul at 8:00 this evening.
시간, 조건 부사절에	If he comes, I will meet him.

2. 과거시제

과거시제는 과거의 **상태**와 **경험**을 나타냅니다.

과거의 상태	He was born in Seoul.
과거의 경험	Did you ever see the elephant?

237

3. 미래시제

단순한 미래와 **미래형의 관용어 표현**에 사용합니다.

I will be back.

will = be going to = be supposed to

4. 현재완료

현재완료는 **have (has) + 과거분사** 형태입니다. 종류로는 완료, 경험, 계속, 결과의 용법이 있습니다.

❶ 완료

just, already, yet 등의 부사가 쓰입니다.

He has just done it.

❷ 경험

ever, never, before, once 등의 부사가 쓰입니다.

Have you ever eaten Korean food?

❸ 계속

for, since 등과 쓰입니다.

Seven years have passed since she went to America.

❹ 결과

일을 **완전히 마친 상태**를 말합니다.

He has finished his homework.

5. 과거완료

had + **과거분사**의 형태로 이루어지며, 이것 역시 완료, 경험,
계속, 결과의 용법이 있습니다.

❶ 완료

He had finished his work when I arrived at his house.

❷ 경험

I had seen him two years before. (만난 경험이 있다는 뜻)

❸ 계속

When we visited him, he had been reading a novel.

❹ 결과

She had gone to Japan. (현재 여기에 없다는 뜻)

6. 미래완료

will have(has) + **과거분사** 형태로 이루어집니다. '**~하게 될 것이다**' 로 해석하면 됩니다.

I will have arrive at Kimpo airport tomorrow.
나는 내일 김포공항에 도착할 것이다.

7. 진행형

－ing 형태로 이루어집니다.

❶ 현재진행형

I am studying English now.

❷ 과거진행형

He was studying English when I came back home.

❸ 미래진행형

I will be visiting her this night.

❹ 완료진행형

완료형에 −ing를 더한 형태입니다.

현재완료진행형	It has been snowing since last night.
과거완료진행형	When I visited her, she had been drawing a picture.
미래완료진행형	I will have been finished this work by tomorrow.

■ 꼭 알아두기

• 출발, 도착 동사(왕래발착동사)는 부사와 함께 미래를 나타냅니다. 그 종류로는 come, go, leave, arrive, depart, meet, start 등이 있어요.

We arrive at home tomorrow.

241

- 지각동사, 소유동사는 진행형으로 쓰지 못합니다. 예를 들면 see, hear, know, love, have 등이 있습니다.
  She always loves me.

- '희망' 등을 의미하는 동사가 과거완료와 함께 쓰이면 뜻을 이루지 못한 것을 의미합니다. 예를 들어 want, desire, hope, expert, intend 등의 동사죠.
  I had hoped that he should be able to do it.
  그가 그 일을 할 수 있기를 희망했다.

just now	과거 문장	I finished my homework just now.
just	현재완료 문장	I have just finished my homework.
yet	의문문, 부정문	Are you sick yet?
already	긍정문	She has left here, already.

문장의 5형식

문장은 동사의 종류에 따라 **다섯 가지**로 분류됩니다.

1. 자동사

❶ 완전자동사

S + V 가 있는 문장 형태를 **1형식** 이라고 합니다. 즉 주어, 동사만으로 의미가 완전하다는 거죠.

The earth moves.

지구는 움직인다.

❷ 불완전자동사

S + V + C 가 있는 문장 형태를 **2형식**이라고 합니다.

She is a teacher.

She ＝ a teacher의 관계입니다. 다시 말해 S ＝ C 이죠.

2. 타동사

❶ 완전타동사

S + V + O가 있는 문장 형태를 **3형식**이라고 합니다.

He wrote this novels. (this novels는 wrote의 목적어)

I wish to go abroad. (부정사의 목적어)

나는 외국에 가고 싶다.

would you mind opening the door? (동명사의 목적어)

문 좀 열어 주시겠어요?

❷ 수여동사

S + V + IO + DO가 있는 문장 형태를 **4형식**이라고 합니다.

She gave me a beautiful flower. (me가 간접목적어, a beautiful flower가 직접목적어)

❸ 불완전타동사

S + V + O + OC가 있는 문장 형태를 **5형식**이라고 합니다.

She makes her son a famous pianist.

her son＝a famous pianist의 관계가 성립합니다. 즉 O＝OC
입니다.

S	subject	주어
V	verb	동사
C	complement	보어
O	object	목적어
IO	indirect object	간접목적어
DO	direct object	직접목적어
OC	object complement	목적격보어

수여동사가 들어 있는 4형식의 문장은 to(또는 for)를 사용하여
IO와 DO의 순서를 바꿀 수 있습니다. 그렇게 하면 3형식이
되죠.
to를 사용 : give, send, tell, teach, lend, write, buy
for를 사용 : make, buy

My mother bought me a nice watch.

My mother bought a nice watch to me.

My mother made me a doll.

My mother made a doll for me.

부정사만을 목적	care, choose, decide, determine, hope, pretend, refuse, wish 등
동명사만을 목적	admit, avoid, consider, deny, escape, enjoy, excuse, finish, give up, miss, mind, postpone, practice, put off, resist 등

Check Yourself !

Basic Grammar Focus

1 (   ) 안의 단어를 문장의 시제에 맞게 고치시오.

① Jane (   ) to school with Helen yesterday. (walk)

② I (   ) two hot dogs for lunch yesterday. (eat)

③ They (   ) me to the party last Saturday. (invite)

④ Roy (   ) mathematics very hard last night. (study)

⑤ He (   ) this bicycle two years ago. (buy)

2 (   ) 안의 단어를 넣어 아래 문장을 미래형 문장으로 만드시오.

① I study English every day. (tomorrow)

247

I (　　) (　　) (　　) (　　) English tomorrow.

② He is busy today. (next Saturday)

He (　　) (　　) busy next Saturday.

③ What does she do every Sunday? (next Sunday)

What (　　) she (　　) (　　) (　　) next Sunday?

④ Jane doesn′t cook every morning. (tomorrow morning)

Jane (　　) (　　) tomorrow morning.

3 다음을 정렬하여 바른 문장을 만드시오.

① six, come, I′ll, about, house, to, your

② you, America, visit, when, going, are, to

③ She (time, had, to, has, no) visit you.

④ twice, been, she′s here

⑤ (Lucy, long, been, how, has) here?

4 다음 두 문장의 의미가 같도록 문장을 만드시오.

① She came here two years ago, and she still lives here.

= She (　　) (　　) here (　　) two years.

② My brother went to the park, and he isn´t here now.

= My brother ( ) ( ) to the park.

③ It was very cold yesterday, and it is still very cold.

= It ( ) ( ) very cold ( ) yesterday.

Intermediate Grammar Focus

1 보기에서 문장의 형식이 같은 문장을 고르시오.

① I read the book yesterday. ( )

② She told us an interesting story. ( )

③ He went to bed at eleven last night. ( )

④ We made him captain of our tennis team. ( )

⑤ She was glad to hear the news. ( )

> a. We enjoyed singing English songs.
> b. Did you give her a doll?
> c. My friends call me Ken.
> d. They looked happy yesterday.
> e. My uncle lives in beautiful city.

2 다음 두 문장의 의미가 같아지도록 만드시오.

① He gave me a pen.

= He gave a pen (   ) (   ).

② I made him a big box.

= I made a big box (   ) (   ).

③ They called the boy Sam.

= The boy (   ) called (   ).

④ There are two libraries in the city.

= The city (   ) (   ) (   ).

⑤ Reading books is his hobby.

= (   ) is his hobby (   )(   ) (   ).

Advanced Grammar Focus

1 각 문장의 잘못된 곳을 바르게 고치시오.

① Why has she hurted my pride so often?

② Prices rose twice as high as ten years ago.

③ Jack was ill for a few days when he was sent to hospital.

④ I surprised at the news.

⑤ He will be forget before the end of this century.

⑥ He drowned the last night.

⑦ He is well known by the people by his noble acts.

⑧ So far as we concern, we can see no reason why she should not be allowed to go.

⑨ Unless my watch had been five minutes slow, I could catch the train.

⑩ If I had studied English harder then, I could have spoken it better now.

⑪ I am knowing that it was done by him.

⑫ If he did not help me, I must have failed.

⑬ I should not have said it, if I had thought it would have shocked her.

⑭ I wonder what he will have said if he had known it.

⑮ In 1959 he sold the invention which he spent most of his life in developing.

⑯ That is one of those points in history which always confuses me.

⑰ I had the greatest difficulty in getting her believe

that I know absolutely nothing about it.

⑱ I don't know if it rains tomorrow, but if it will rain, I shall not go.

Power Reading and writing

1 아래 글을 읽고 물음에 답하시오.

Trees are among the oldest living things on earth. They grow, and some of them make beautiful flowers and give us good fruit. They protect us from the hot sun, and the wind and rain. They are used to make a lot of different things. People think that trees are very important.

Thomas is a junior high school student. He lives in a small town. Every spring in his town there is a special day. On this day a lot of people plant trees. This day is called 'Green Day'.

Last Friday was a beautiful (①) day. It was also Green Day. Mr. Smith took his class out to a big tree in the school playground.

(②) "This big tree has been here for over eighty years." he said.

"In summer we can enjoy the cool wind under it. Everyone in our school has (③) it. Here is a young tree to plant. I hope it will grow, and I hope you will be proud of it just like the big tree." He gave it to Thomas.

Thomas and some of his classmates made a hole beside the big tree and planted the young tree. Mr. Smith said to the class, "This tree is yours!"

They were very glad to hear that.

"Now everyone, we should take care of this tree." said Thomas.

"Let's remember it even after we finish school."

They promised to come back every year to see the tree.

1) ①에 적당한 단어를 고르시오.

  a. spring   b. summer   c. fall   d. winter

2) ②와 의미가 같은 문장으로 만들 때 (   )에 들어갈 알맞은 단어를 쓰시오.

The big tree was planted here over eighty years (   ).

3) ③에 들어갈 알맞은 단어를 고르시오.

a. thanked and carried   b. ound and brought

c. wanted and bought   d. loved and admired

4) 위 글의 내용과 일치하는 글을 고르시오.

a. Trees live very long, and they protect beautiful flowers and good fruit.

b. People know that trees are very important, so they plant trees in summer.

c. On Green Day the students went out of the school and enjoyed the cool wind.

d. Mr. Smith hoped the students would be proud of the tree.

2 아래 글에서 주인공 "I"의 심정으로 가장 적절한 것은?

My mother hadn't seen my dad in four years of war. In my mind, he was a tall, darkly handsome man I wanted very much to love me. I couldn't wait, thinking about all the things I had to tell him of school and grades. At last, a car pulled up, and a large man with a beard jumped out. Before he could reach the door, my mother and I ran out screaming. She threw her arms around his neck, and he took me in his arms, lifting me right off the ground.

① calm   ② lonely   ③ joyful
④ horrified   ⑤ worried

3 밑줄 친 this musician에 관한 설명 중에서 본문의 내용과 일치하지 않는 것은?

Goethe once said to his wife, "I've never seen an artist with more power of concentration than this musician." His life was as stormy as his music. He was self-educated and read widely in Shakespeare and the ancient classics, but he was poor at mathematics. Deep in his work, he ignored everything else. Although he wrote many beautiful pieces of music, he dressed badly and hardly ever cleaned his room. During his thirty-five years in Vienna, he moved about forty times.

① 집중력이 강했다. ② 고전을 많이 읽었다.

③ 작곡을 많이 했다. ④ 이사를 자주 했다.

⑤ 외모에 치중했다.

4 아래 글 바로 다음에 올 수 있는 내용으로 가장 적절한 것은?

In late eighteenth-century England, population growth and technological advances happened together and helped each other along. The increased population brought more demand for food, and more money went into farming. Industrialization increased wealth, and that in turn led to more cloth and other goods. Thus, more demand was met by more supply, and more people did not mean a lower level of life. In the twentieth century, however, that is no longer true, as will be seen below.

① 영국의 산업 혁명 ② 현대의 인구와 기술

③ 고대 사회의 종교　　④ 중세 시대의 산업

⑤ 19세기 영국의 농업

5 아래 글의 주제를 간단히 쓰시오.

Social change for the better happens when groups of citizens try to bring it about. Today, such groups can take on many tasks once performed by governments. These so-called non-governmental organizations deliver social services. They are active in various areas from law to medicine. They watch and influence what governments do at home or abroad. What is more, they often work better than governments. This is because they are able to use people from all walks of life.

(　　　　　　　　　　　　　)

6 아래 글의 종류를 간단히 쓰시오.

Jeffrey Newell, president of Hartley Hotels, will come this week to speak to local business people about ways to develop international tourism. On

November 20, Mr. Newell will appear as a special guest speaker at the Second International Tourism Conference to be held at the Grand Hotel. He will give a one-hour talk on the topic "Knowing More About International Tourism" in the Rose Hall at 8 p.m. A thirty-minute question-and-answer period will follow. For more information, please call 432-7658.

(   )

7 아래 글에서 밑줄 친 <u>They</u>가 뜻하는 것은?

<u>They</u> sometimes work for large department stores and draw pictures of the store's latest fashions. They must picture the dress on the model-in the mood and setting that will make it seem most attractive. They often work for advertising agencies, where they create striking pictures and tasteful designs. In this way, they will attract public attention and show the product to be advertised in a good light. Newspapers carry many examples of

their art. Indeed, instances of it are all around us.

① store clerks   ② art designers

③ fashion models   ④ newspaper reporters

⑤ computer programmers

8 아래 글이 주는 분위기로 가장 적절한 것은?

The bedroom smelled of the wood it was made of.
Early in the morning the pleasant smell of the wet
forest entered through the screen. The walls in the
camp were thin, and when I woke up, I dressed
softly so as not to wake the others. I came out
quietly into the sweet outdoors and started out in
the boat along the shore. The lake was cool and
motionless in the long shadows of the tall trees.
Nothing disturbed the stillness of the lake.

① sad   ② noisy   ③ peaceful

④ humorous   ⑤ frightening

9 아래 글에서 밑줄 친 was beside himself의 의미를 쓰시오.

Like most other boys, John Palmer liked football

and loud music. But what he liked most was going to the movies. And of all the movie stars, he thought Jane Brightman was the most beautiful. For his sixteenth birthday, his parents got him tickets for the first showing of Jane Brightman's new movie, Last Friday Night. John <u>was beside himself.</u> When he discovered that he would bo sitting right next to Jane Brightman, he nearly fainted with joy.

(   )

10 밑줄 친 <u>come down</u>의 의미로 소녀가 의도한 뜻과 점원이 이해한 뜻을 가장 잘 짝지은 것은?

A girl was buying a gift set for her grandfather. High on a shelf behind the counter, she saw the box of honey she wanted. "Could I have a look at that honey gift set?" she asked the clerk. The clerk got a ladder and climbed halfway up. "How much is it?" the girl asked. The clerk looked up at the price. "50,000won," he said. the girl looked in her purse and counted her money. She didn't have enough.

She needed a price cut. "Could you come down a bit?" the girl asked. "Don't worry," the clerk said. "I'll come straight down as soon as I've got your honey."

*ladder : 사다리

소녀가 의도한 뜻   점원이 이해한 뜻

① 마음을 가라앉히다.   아래에서 계산하다.

② 마음을 가라앉히다.   값을 내리다.

③ 값을 내리다.   내려오다.

④ 값을 내리다.   마음을 가라앉히다.

⑤ 내려오다.   마음을 가라앉히다.

신부에게 키스를 해야겠군.

"It's my turn to kiss the bride."

우리나라에서는 다른 사람의 결혼식에 갈 때 부조금을 냅니다. 물론 여러분은 아직 학생이니까 제외지만 말예요. 하지만 미국 인들은 부조금을 내는 대신 선물을 증정합니다. 부조금은 대 체로 가족들만 내거든요.

선물로는 신혼살림에 필요한 수건(towel), 은그릇(silverware), 접시(plates), 시계(clock) 같은 것들을 줍니다. 행여 부득이한 사정으로 결혼식장에 선물을 가져갈 수 없을 때만 20달러 정 도 내면 됩니다.

결혼식이 끝나면 신랑과 신부는 reception에서 모든 하객들 과 악수를 하게 돼요. 이때 모든 하객들이 신부에게 키스(to kiss the bride)를 한답니다. 우리나라에서는 상상도 못할 일 이죠?

조동사는 동사의 이웃사촌

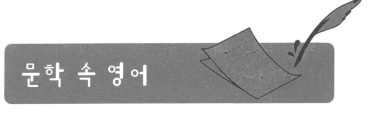

작가의 사명

The purpose of the writer is to keep civilization from
destroying itself.

— by Bernard Malamud

작가의 사명은 문화의 본질이 파괴되는 것을 막는 것입니다.

맬러머드*Malamud*는 미국의 유태인계 소설가입니다. 그는 평
소 인간의 고통과 구원에 대해서 깊은 관심을 가진 작가였어
요. 특히 현대인의 고뇌를 작품 속에 투영함으로써 많은 이들
에게 공감을 불러일으켰습니다. 대부분 평범한 주인공들이 갖
는 고통을 매우 리얼하게 다루었죠. 그는 고통이 단순한 육체
적, 정신적인 것이 아니라 한 인간의 완성을 위한 필수과정이
라고 말하고 있습니다. 그는 고통을 경험함으로써 자신의 정신
적, 육체적 완성이 이루어질 수 있다는 것을 확신했습니다.

"고뇌는 진리에 기여하고, 진리는 사람의 마음에 작용하여 인간을 재생시킨다."

■ ■ ■

놀이공원에 갔을 때, 두 손을 흔들며 군데군데 서 있는 도우미를 본 적이 있나요? 그들은 여러분이 다치지 않고 또 길을 헤매지 않도록 안내하고 돕는 사람들이죠.

놀랍게도 동사에게도 이런 도우미가 있어요. 바로, 바로, 바로 '조동사'라는 녀석이죠. 조동사를 중학교 때부터 많이 들어봤을 거예요. 하지만 워낙 상황에 따라 다르게 쓰이는지라 지레 겁을 먹고 어려워하는 학생들을 많이 봤어요.

어렵다고 느껴질 때는 최대한 단순하게 생각하세요. 자, 문장 속에는 많은 시제들이 두 단어 이상으로 구성되어 있죠? 마지막 동사는 **본동사**라고 해요. 그 나머지 동사가 바로 **조동사**이죠. 조동사가 있음으로 본동사의 의미가 더욱 확실해질 수 있습니다. 모든 조동사는 **조동사 + 동사원형**의 형태가 됩니다. 지금부터 조동사 do, can, may, must, will, would, should, ought to, need, dare, used to 등을 살펴보러 떠납시다.

 동사의 종류

1. Do

❶ 부정문, 의문문에 사용

I don't (do not) like him.

Do you know him?

❷ 동사의 의미 강조

Do begin it now.

당장 그 일을 하시오.

❷ 앞의 동사를 대신

Did you ever read this novel? Yes, I did.(=Yes, I read that novel.)

2. Can — Could

❶ 가능

흔히 이런 말 많이 하죠? 'I can do it!' 나는 할 수 있다는 뜻이죠. 이렇듯 can이 **가능**의 의미로 쓰일 때가 있습니다.

You can speak English.

❷ 강한 부정

추측으로 '~**일 리 없다**' 라고 말할 때는 can not be로 씁니다.

The rumor can not be true.
그 소문은 사실일 리 없다.

과거의 강한 부정추측으로 '~ **이 었을 리가 없다**' 라고 말할 때는 cannot have + **과거분사**로 씁니다.

She cannot have done so.
그녀가 그렇게 했을 리가 없다.

❸ 기타

can = be able to '~할 수 있다' 로 대치될 수 있어요.

She is able to speak French.

정중한 표현을 할 때 could를 사용합니다.

Could you tell me the way to the City Hall?
시청 가는 길을 말씀해주시겠습니까?

3. May

❶ 허가

may가 허가일 때는 '~**해도 된다**' 라고 해석합니다.

You may go home any time.
어느 때고 집에 가도 된다.

❷ 추측

may가 추측일 때는 '**일지도 모른다**' 라고 해석합니다.

He may come here.

이곳으로 올지도 모른다.

❸ 기원문

기원문 안에서 may는 '**하소서**'라고 해석합니다.

May you be happy. 당신이 행복하기를…. (행복하소서)

❹ may well

may 뒤에 well이 결합되면 '**~하는 것도 당연하다**'로 해석합니다.

You may well be surprised.

당신이 놀라는 것도 무리는 아니다.

❺ may as well

may as well은 '**~하는 게 낫다**로 해석합니다.

You may as well go there today.

당신은 오늘 거기에 가는 것이 낫다.

❻ may as well A as B

may as well A as B는 'B할 바에는 A하는 게 낫다'로 해석
합니다.

You may as well not know him as know him.
그를 알 바에는 모르는 편이 낫다.

4. Must

❶ 필요, 의무, 명령

must가 필요, 의무, 명령 등으로 쓰일 때는 '~해야 한다'라고
해석합니다.

One must eat to live.
인간은 살기 위해서 먹어야 한다.

❷ 추측(추정)

must가 추정 혹은 추측의 의미로 쓰이면 '~임에 틀림없다'
라고 해석합니다.

He must be insane.

그는 미친 것이 틀림없다.

❸ 과거의 추측

과거의 추측에는 must have + **과거분사**의 형태입니다. '~**했었음에 틀림없다**' 라고 해석하죠.

He must have made a mistake.

그는 실수를 했었음에 틀림없다.

❹ 필연

must가 필연의 의미로 쓰일 때는 '**반드시 ~하다**' 라고 해석합니다.

All men must die.

인간은 모두 죽기 마련이다.

❺ 금지

금지의 의미로 쓰였을 때는 **must not**의 형태고 '~**해서는 안된다**' 라고 해석합니다.

You must not tell anyone.

누구한테도 이야기해서는 안 된다.

❻ must = have to

must는 have to로 고칠 수 있습니다.

You have to change for dinner.

저녁 식사 때는 옷을 갈아입어야 한다.

5. will, shall

❶ will

단순미래	I will graduate in a few weeks. 나는 한두 주일 있으면 졸업을 할 것이다.
의지미래	I will go if you go. 네가 간다면 나도 가겠다.
의지로 결정	Come whenever you will. 오고 싶을 때는 언제든지 오시오.
가벼운 명령	You will do it at once. 당장 그것을 실행하시오.

예정	I shall be at home tomorrow.
	나는 내일 집에 있을 예정이다.
의지	I will let you go to the hall too.
(~해주겠다)	너도 역시 무도회에 보내주겠다.

6. should

❶ 의무, 당연

Children should be taught to speak the truth.
아이들은 진실을 말하도록 교육되어야 한다.

❷ 결정, 의향명령, 제안

insist, propose, demand, suggest, order, desire, wish 등의 동사 다음에 that절이 오면 should를 씁니다.

She insisted that you should be present.
그녀는 너에게 꼭 출석해달라고 말했다.

He proposed that we should stay another night.

그는 우리가 하룻밤 더 머물면 어떻겠느냐고 제안하였다.

❸ 주관적인 판단

It is 다음에 **necessary, natural, important, proper, right, good, strange, curious, surprising** 등이 오면 종속절에 should 를 써야 합니다.

It was natural that he should be tired.
그가 피곤한 것은 당연했다.

It is necessary that you should be present at the meeting.
자네가 그 모임에 참석하는 것이 필요하네.

7. would

과거의 불규칙적인 습관	He would often take a walk after dinner. 그는 저녁 식사 후에는 종종 산보를 하곤 했다.
소망	I would like to go the America. 나는 미국에 가고 싶다.
정중한 표현	Would you do this for me? 이것을 좀 해주시겠습니까?

8. Ought to, need, dare

❶ Ought to

'~**해야 한다**'는 의무를 뜻합니다.

You ought to respect the old.

당신은 노인들을 공경해야 한다.

❷ need

'~**할 필요가 있다**' 라고 해석하면 됩니다.

You need not do so.

너는 그렇게 할 필요가 없다.

❸ dare

'**감히 ~하다**' 라는 뜻입니다.

If he dares to say one word, he′ll regret it.

감히 한마디라도 했다가는 그는 후회할 것이다.

9. Used to

❶ used to + 동사원형

use to + 동사원형은 **과거의 규칙적인 습관**을 나타냅니다.

'**~하곤 했다**' 라고 해석하면 되지요.

He used sometimes to take tea with us.

그는 이따금 우리들과 차를 마시곤 했다.

❷ be used to + 명사

상태가 익숙하다는 것으로 '**~에 익숙하다**' 로 해석합니다.

We are used to hardships.

우리는 어려움에 익숙하다.

❸ get used to + 명사

동작이 익숙하다는 것으로 해석은 위와 같이 '**~에 익숙하다**'
입니다.

You'll soon get used to your surroundings.

당신은 곧 환경에 익숙해질 것이다.

Check Yourself !

Basic Grammar Focus

1 두 문장의 의미가 같도록 만드시오.

① Must we start at once?

= (　　) we (　　) to start at once?

② Don't stay around here.

= You (　　) (　　) stay around here.

③ Let's go swimming.

= (　　) (　　) go swimming?

④ He couldn't come here yesterday.

= He (　　) (　　) to come here yesterday.

⑤ How about another cup of tea?

= (　　) (　　) have another cup of tea?

2 다음 우리말을 읽고 영어문장을 완성하시오.

① 당신은 그 책을 사지 말아야 한다.

You (　　　) (　　　) (　　　) buy book.

② 당신은 좀더 일찍 일어나야 한다.

You (　　　) get up earlier.

③ 나는 당신에게 말할 것이 아무것도 없다.

I have (　　　) (　　　) tell you.

④ 그들은 운동을 즐길 시간이 거의 없다.

They had (　　　) (　　　) to enjoy sports.

⑤ 오늘날에는 그 어떤 별도 볼 수가 없다.

(　　　) stars (　　　) seen today.

3 (　　　) 안의 지시대로 문장을 고치시오.

① I think she will be late for school. (think를 과거로 고친 문장을 만드시오)

② I want to drink a cup of coffee. I (　　　) (　　　) to drink a cup of coffee. (두 문장의 의미가 같도록 만드시오)

③ She doesn´t know anything about it. She knows (　　　) (　　　) (　　　). (두 문장의 의미가 같도록 만드시오)

④ I don´t know what to say to her. I don´t know

what I (   ) (   ) (   ). (두 문장의 내용이 같도록 만드시오)

⑤ You must go to see him. You (   ) (   ) (   ) go to see him. (문장의 내용이 반대가 되게 하시오)

Intermediate Grammar Focus

1 보기에서 알맞은 것을 골라 문장을 완성하시오.

must have been, can´t / couldn´t have been, have to / had to (be), didn´t have to (be)

① He knows a lot about flying planes. He (   ) a pilot when he was young.

② Vera (   ) at the supermarket this morning. I didn´t see her there.

③ John (   ) at the bank till 10, so he only arrived here five minutes ago.

④ When did she (   ) do at the hospital?

⑤ We had enough foreign currency left at the end of the holiday, so I (   ) buy any more.

⑥ Monica knew exactly what to do. I (   )
tell her twice.

⑦ There are so many nice things for tea, I think
you (   ) expecting us.

⑧ There (   ) an accident on South Street
because the road is closed off.

⑨ You (   ) waiting long. After all, I'm only
five minutes late.

⑩ When I was a boy we (   ) sitting at our
desks working before the boss got in.

2 아래 문장에 대해 조동사가 들어 있는 문장으로 대답하시오.
(답은 여러 가지가 될 수 있어요. 문법에 맞게 답하시오.)

① Does she still live in London?

② Where does she live?

③ Did he catch the early train?

④ Which train did he catch?

⑤ Are they still living abroad?

⑥ Where are they living?

⑦ Has he finished work?

⑧ When did he finish work?

⑨ Will you leave tomorrow?

⑩ When will you leave?

Advanced Grammar Focus

1 보기에서 알맞은 것을 골라 문장을 완성하시오

Remember me?

> am, can, can't couldn't, have had to, haven't
> been able to, may, must, must be, must have

There was a knock at the door. I opened it and saw a stranger. "Hullo, Fred,"he cried. "(①) I come in?" "How do you know my name?" I asked. "We met ten years ago on a ferry-boat and you gave me your card." "You (②) mistaken", I said. "No, I (③) not,"the stranger said. He produced my card : Fred Ames. I (④) given it to him ten years ago, but I (⑤) remember it! "I (⑥) remember you," I said.

"We exchanged cards years ago," the stranger said. "You said, 'You (⑦) come and stay with us for as long as you like any time you're in England.'" I'm sorry I (⑧) wait so many years before coming to visit you. I've been so busy, I (⑨), but here I am at last! Better late than wonder if we (⑩) stay with you for a month."

2 다음 글의 (   ) 안의 동사를 과거형으로 고치거나 used to, will, would를 넣어서 완성하시오.

Water, Water, Everywhere!

The thing I remember most about my childhood was my visits to my aunt Charlotte in her lovely country house. She (①be) a remarkable woman by any standards. She (②be) really skilled at water-divining and she (③find) water on the most unpromising bits of land. The farmers (④love) her, especially as she (⑤never accept) money for water-divining. 'Water (⑥always find) its own level, 'she (⑦say)' and I know exactly where that level is. Water—divining is a gift from God and you don't accept payment for that.' She had a gift for noticing changes in the weather, too. 'It's going to rain soon,' she (⑧say) 'I can feel it in my bones,' and she (⑨always be) right! In her later years, she developed a bad back and (⑩often visit) her osteopath. She (⑪never tire) of telling us that her osteopath (⑫say) as he massaged her painful back, 'It's going to rain, Charlotte. I can feel it in your bones!'

Power Reading and writing

1 아래 글을 읽고 물음에 답하시오.

①Have you ever seen a flying saucer? You may say, ②"I don't believe anything until I see it with my own eyes." But ③we can't study and test everything before we believe it. We learned that the earth goes round the sun, and we believe it. Did you ever see the earth's movement with your own eyes? ④<u>Nobody has ever seen the earth´s movement</u>. But we believe it simply because scientists say ⑤<u>so</u>. Then, why don´t you believe that flying saucers really exist?

1) ①의 질문에 대하여 No로 시작하는 부정문 대답을 쓰시오.

( )

2) ②와 의미가 같은 문장으로 만드시오.

I believe ( ).

3) ③이 의미하는 내용은 무엇인가?

( )

4) ④를 우리말로 번역하시오.

( )

5) ⑤가 의미하는 내용을 말하시오.

( )

2 아래 글을 읽고 물음에 답하시오.

A man whose name was Grant once found a box of old letters in a room at the top of his house. And one of these letters was from a famous writer. "when this letter was written," said Grant, "no one (①) this writer. But now everyone reads him. ②I may be able to get a olt of money for this letter." But there were a lot of dirty marks all vrer the letter. "It doesn't look nice," he thought. ③ "아무도 이 편지를 사려고 하지 않을 거야, if it's dirty." So h took a piece of cloth and some water and cleaned the letter. And he took the letter to a shop in London. In the shop old letters of this kind were bought and sold.

"I want to sell this letter," Grant said to the man in the shop. "It was written by a famous writer." The man looked at the letter for a long time. "I'll give you two pounds for it," he said at last. "Only two pounds!" said Grant. "But people can get ten pounds for a letter like this. I've even cleaned it, so it looks nice." "I can see that," said the man. "People who buy old letters like them to be dirty!" He was not happy to hear that.

1) 아래 영어 문장은 위 글을 요약한 것입니다. (   ) 안에 알맞은 단어를 써넣으시오.

Grant wanted to (   ) the old letter written by a famous (   ). There were a lot of dirty marks all over the letter, so be cleaned it. He wanted to get much money for it, but the (   ) in the shop in London was going to give him only (   ) pounds for the letter. He was sorry to hear that.

2) ①에 들어갈 알맞은 단어를 고르시오.

a. read   b. reads

c. didn't read   d. doesn't read

3) ②를 우리말로 번역하시오.

(   )

4) ③을 영작하시오.

(   )

5) him은 누구입니까?

(   )

3 아래 글 바로 앞에 올 수 있는 내용으로 가장 적절한 것은?

But clean air is not the only reason. People can set

up a tent in the middle of the smell of wild flowers and trees. They can enjoy being alone in the mountains, forgetting completely about the everyday cares of the world. They are entirely free to talk among themselves, occasionally entertained by the sweet sounds of trees and small animals. They don't have to be bothered by noisy crowds that disturb their peace of mind. These are other reasons why people like to go to the mountains.

① 산을 찾는 이유   ② 목재 산업의 전망

③ 도시의 소음 공해   ④ 등산의 어려움

⑤ 농촌을 떠나는 사람의 아픔

4 아래 글에 언급된 단체에 관한 설명 중 본문의 내용과 일치하지 않는 것은?

MSF was begun by a small group of French doctors including B. Kouchner back in 1971. Over the years, many doctors from around the world joined the organization. The group quickly became known for its work in helping the hungry and ill.

They firmly believe that all those who need a doctor's help, no matter where they are, have a right to get medical care. They sometimes risk their lives to provide such care. The organization won the 1999 Nobel Peace Prize for its work on several continents since its foundation.

① 소규모로 시작했다.　　② 전 세계에 회원이 있다.

③ 전문 학술 단체이다.　　④ 병든 사람들을 도왔다.

⑤ 노벨 평화상을 받았다.

5 아래 글의 제목을 영어로 쓰시오.

Goats like eating weeds. In fact, they prefer weeds to grass. So they are very useful for controlling weeds without using chemicals. The digestive system of the goat is different from that of the sheep or the cow. Weed seeds cannot pass through the goat's body, and so they cannot grow into new weeds. Farmers don't like using chemicals to control weeds because such poisons can kill wild animals or even pets, like dogs. A company in

Montana even rents out goats to eat weeds.

*digestive : 소화의

(   )

6 아래 글의 제목으로 가장 적절한 것을 고르시오.

We often hear that high achievers are hard-working people who bring work home and labor over it until bedtime. When Garfield interviewed top people in major industries, however, he found that they knew how to relax and could leave their work at the office. They also spent a healthy amount of time with their family and friends. Successful people are willing to work hard, but within strict limits. For them, work is not everything. Will you work hard all the time?

① The Division of Labor

② Economy and Industries

③ A Balanced Life and Success

④ Causes of Family Problems

⑤ The Importance of Homework

7 아래 글의 요지로 가장 적절한 것을 고르시오.

Suppose two friends of mine are sitting in my room. One is 165cm tall and the other is 175cm tall. Which do you think is a man and which is a woman? In hte absence of other information, you probably conclude that the shorter one is a woman while the taller one is a man. Where does this conclusion come from? Your experience tells you that men tend to be taller than women. So, From the particular men and women you have known, you draw a conclusion about men and women as a whole. In this way, many of your day-to-day judgements and guesses depend on your experience.

① 성격이 자신감을 좌우한다.

② 현대에는 남녀 차별이 없다.

③ 친구 사이의 우정은 소중하다.

④ 판단은 흔히 경험에 바탕을 둔다.

⑤ 대체로 남자가 여자보다 키가 크다.

8 아래 글의 요지로 가장 적절한 것을 고르시오.

A symphony orchestra can fill a whole building and make it ring with music. But this beautiful sound, which can be joyful of sad, exciting of relaxing, is the result of planning and working together. Just as painters choose different color for their works of art, composers choose the sound of different instruments to produce their music. The purpose of a symphony orchestra is not to play section by section. The word "symphony" means "sounding together." This sounding together is what creates the wonderful music we all love.   *instruments : 악기, 도구

① Action speak louder than words.

② Don't put all your eggs in one baskets.

③ One man's music is another man's noise.

④ Every man knows his own business best.

⑤ The whole is more than the sum of its parts.

9 아래 글에서 필자가 주장하는 내용을 간단히 쓰시오.

Growing as a person may take you to new places

and present new challenges. These may be stressful, but feeling stress is a natural, necessary part of recognizing a weakness and trying out a new behavior. It is often comfortable and easy to stay the way we are. Giving up old comforts and habits is very hard. It is small wonder, then, that people dislike changing. Yet it needs to be remembered that efforts to change lead frequently to important improvement and growth in our lives.

(   )

10 아래 글에서 전체 흐름과 관계없는 문장은?

Kim Son−dal needed money again. ① How could he make money when he had nothing to sell? ② This is why water resources require careful ma-nagement. ③ He had a grat idea. ④ He formed his own on−line company : Daedonggang Froup. ⑤ Soon all the yangban nobles bought shares, and Kim Son−dal became rich.

*share : 주식

어울려 얘기들 하시죠?

Why don't you circle around?

미국인들의 개인주의(individualism)는 그들의 파티나 사교모임(social gathering)에도 뚜렷하게 나타납니다. 한 마디로 한국식 파티를 집단주의적(?) 파티라고 한다면 미국식 파티는 개인주의적(?) 파티라고 할 수 있겠습니다.

한국에서의 파티는 모두 함께 모여서 둥글게 앉아 이야기도 하고 음식도 나눠먹죠. 돌아가면서 노래를 부르기도 하고요. 절대 파티가 끝나기 전에 아무도 자리를 뜨지 않아요. 파티를 끝내자고 전체적으로 합의(consensus)가 이루어지면 그때서야 자리에서 일어납니다. 개인으로 노는 것이 아니라 집단으로 노는 것이기 때문이에요.

반면에 미국식 파티는 어떠한가요? 미국식 파티에는 host나 hostess가 손님을 맞으며 '마시고 싶은 것'을 물어봅니다. 그러고는 파티장에 모여 마음 맞는 사람끼리 소그룹(small groups)을 만드는 거죠. 그러면서 A그룹에서 B그룹으로 옮겨 다닌다거나 하면서 이야기를 나눕니다.

They just talk and mix and mingle.

파티 중에는 음악을 크게 틀어놓거나 조명을 어둡게 하여 서로 남을 의식하지 않고도 자유로이 얘기를 나눌 수 있도록 분위기가 조성됩니다. 또 돌아가면서 노래를 부르는 법도 없어요. 가수(singer)이거나 음악에 재능(talent)이 있는 경우에만 노래나 연주를 하는 거죠. 초청장에 특별히 'dinner party'라고 써 있지 않으면 가벼운 snack과 음료수만 제공되니까 식사는 기대하지 않는 게 좋아요.

미국인들의 파티의 목적은 **사교**(社交 ; to socialize)에 있어요. 즉 먹고 마시는 것에 있지 않다는 말이죠. 대개 자정 (midnight)이나 새벽 1시에 끝나는데, 그 전에 개인적으로 먼저 돌아가려고 할 때는 물어봐야 합니다.

"I´ve got to be going now. I had a wonderful time at your party. Thanks so much for having me over."

Appendix

부록

Power Conversation

[1~2] (B)의 대화 글은 (A)의 글을 재구성한 것입니다. 읽고 물음에 답하시오.

(A)

One day Tom came across Mary on his way home from school. She looked gloomy. Tom found that she was concerned about her math exam next week. She liked the course, but she wasn't well prepared for the exam. Tom gave her some encouragement. And Mary thanked him.

(B)

Tom : You don't look very well. What's wrong with you, Mary?

Mary : I'm rather worried.

Tom : About what?

Mary : The math exam. (1)_____

Tom : (2)_____ , Mary.

Mary : Thanks a lot.

1 (1)에 알맞지 않은 것을 고르시오.

① I am not well prepared for it.

② I have it next week.

③ I feel very nervous about it.

④ I am really concerned about it.

⑤ I don´t like the course.

2 (2)에 알맞지 않은 것을 고르시오.

① Look on the bright side of things.

② Don´t let it get you down.

③ Don´t be so discouraging.

④ Don´t be so negative about it.

⑤ Take it easy.

[3~4] (B)의 글은 (A)의 글의 대화문입니다. 읽고 물음에 답하시오.

(A)

Tony's family car is covered with mud. His mother asks Tony several times to wash it. But he insists that it's of no use to do so, because it's the rainy season. When his family sets out on a trip to EXPO, his mother says that he doesn't have to join them on the trip because tomorrow they get back home.

(B)

Mother : Oh, my God! Look at the car. How many times do I have to tell you?

Tony : I know, but it rains almost every other day. (1)_____ .

Mother : I see what you mean. Then, I'm not going to take you to EXPO.

Tony : I really want to go, Mother.

Mother : (2)_____ . We'll return home tomorrow. So you'd better stay home.

3 (1)에 적합하지 않은 것을 고르시오.

① It´ll be messy again.

② Do you think it´s necessary?

③ There´s no use washing it.

④ Do I have to do that?

⑤ Do you have to keep the car?

4 (2)에 적합하지 않은 것을 고르시오.

① What are you saying?

② I´m sorry to say this.

③ You don´t have to go.

④ Hurry up and get ready.

⑤ Isn´t that your logic?

5 (   )에 가장 적절한 것은 고르시오.

A : It´s a really nice film, isn´t it?

B : (   ) It was boring.

① So am I.

② Do you think so?

③ I wish I could.

④ How did you do it?

⑤ Right away.

6 (   )에 적절하지 않은 것을 고르시오.

> John : Happy birthday, Mary.
>
> Mary : Thanks. I'm glad you came.
>
> John : Thank you for inviting me.
>
> Mary : (   )

① Make yourself at home.

② Why don't you sit down?

③ Let me introduce you to my mom.

④ How about a drink?

⑤ I'll call you back.

7 다음 (   )에 알맞지 않은 것을 고르시오.

> Customer : Excuse me.
>
> Clerk   : Yes. What can I do for you?

Customer : I have some film to be developed.

Clerk : Okay, (   )

① They'll be ready tomorrow morning.

② May I have your name, please?

③ How soon do you want them?

④ Let's pose for a picture, please.

⑤ You can pick them up at 2:00.

8 다음 (B)의 대화문은 (A)의 글을 재구성한 것입니다. (   )에
들어갈 말로 적절하지 않은 것을 고르시오.

(A)

It was Jack's turn, but his roommate Arthur had to cook. The steaks were burned, so they went out for dinner. After dinner, Arthur wanted Jack to pay, but Jack said, playfully, that he wouldn't because Arthur was responsible for the accident. But Arthur was running out of money, because he had bought an expensive birthday gift for Jack.

(B)

Jack　:　Now, pick up the bill, Arthur.

Arthur : Don't you think you have to pay?

Jack　:　What? You burned the steaks, didn't you?

Arthur : True, but I'm nearly broke, and I won't get paid soon.

Jack　:　That's your problem.

Arthur : (　　　　　　　　　　　)

① I bought you a birthday gift, didn't I?

② How would you like your steak?

③ It was your turn to cook, though.

④ Can't you be a little kinder?

⑤ Well, I shouldn't have been so generous.

[9~10] 다음 글을 읽고 물음에 답하시오.

(A)

Teacher : What do you think is the best way to solve traffic jams in big cities ?

Tom　　: We should get rid of all the cars in the world. And all of us should use bicycles rather than automobiles. Then, we won't have to worry about air pollution, either. I'm convinced that's the best way.

Teacher : I see your point. But, well, I'm afraid that may be too extreme an approach. Don't you think so, Tom?

Tom : Well…. I think it's possible. As a matter of fact, I bike to school everyday. That's why I think I stay in shape.

Teacher : Good for you. I'm not against using bicycles. Actually, I'm all for it. I still find your idea out of the question, though. What I'm saying is we can't expect everyone to bike to work or school.

Mary : The way I see it, the major cause is that too many people live in big cities. Unless we take action now, traffic congestion will get worse and worse. I know it's easier said than done. But, at least, we have to work out a practicable solution.

Teacher : Your point is well taken. I also think there are simply too many people in big cities. I firmly believe drastic measures should be taken before it's too late. There'll be no simple answer.

(B)

> The teacher asks the students how to solve traffic jams
>
> He disagrees with Tom′s idea that _____(a)_____.
>
> He agrees with Mary′s idea that_____(b)_____.

9 (a)에 들어가기에 가장 적절한 것을 고르시오.

① health is above economy.

② riding a bike keeps us healthy.

③ pollution results in traffic jams.

④ we should remove all automobiles.

⑤ we don′t have to worry about air pollution.

10 (b)에 들어가기에 가장 적절한 것을 고르시오.

① we can get a lot of exercise.

② it is easy to take action now.

③ people want to live in big cities.

④ there is an easy solution to traffic jams.

⑤ overpopulation causes traffic congestion.

11 두 사람의 대화를 읽고 알맞은 문장을 아래에서 고르시오.

At Mr. Brown′s home

Brown : How are you?

Smith : (①)

Brown : I′m fine, too. Thank you. I haven′t seen
you for a long time. Please sit down.

Smith : Thank you.

Brown : It′s a beautiful day, isn′t it?

Smith : Yes, it is. (②)

Brown : She was ill a few days ago. But
she is quite well again.

Smith : Is that so? That′s fine.

Brown : (③)

Smith : All are well, thank you.

a. Well, how is your wife?

b. How are your family?

c. Fine, thank you. And you?

12 주어진 질문에 긍정적으로 대답한 사람을 모두 열거한 것은?

> If a corner shop gives you change for $10 when
> you only paid $5, will you return the money?

Tony : We should take what we can get. Everybody
else does. I'll take the money.

Chris : I don't want to take anyone's money. So the
answer is "Yes." I'd give the money back to
the corner shop.

Judy : I am a fairly important person in my
company, so I have to look honest. I can't
take the risk of not returning the money.

① Chris   ② Tony, Chris   ③ Tony, Judy
④ Chris, Judy ⑤ Tony, Chris, Judy

13 다음은 인터뷰의 일부입니다. 빈 칸 (A)와 (B)에 들어갈 질문을 〈보기〉에서 골라 짝지은 것 중, 가장 적절한 곳은?

보기

a. Can you tell us about your family?

b. Where did you learn to fly?

c. Do you find flying difficult?

d. How did you first become interested in flying?

Ann : _____(A)_____

Ted : When I was young, there was an airport not far from my house. Every day I watched the planes taking off into the sky. I wondered for ages at these amazing steel birds. Then, one day I decided to give up engineering and become a pilot.

Ann : _____(B)_____

Ted : As you know, man wasn't born to fly. From take-off to landing, we pilots are in a setting which is not our own, and we should be very careful all the time. It's only when we

are on the ground that we can finally relax.
And, occasionally, flights last 12 or 13 hours.

	(A)	(B)
①	a	b
②	a	c
③	b	d
④	d	b
⑤	d	c

14 다음은 인터뷰의 일부입니다. (A)와 (B)에 들어갈 말을 〈보기〉에서 골라 짝지은 것 중 가장 적절한 것을 고르시오.

Dan : _____(A)_____ .

Kay : Well, after my parents passed away, I lived with my grandparents. My grandfather was a diving coach and he encouraged me. Diving was something I always wanted to do. Grandfather was always there when I needed him.

Dan : _____(B)_____ .

Kay : Hmm, I´d say it´s staying modest. Everybody

is always saying, "You're great," and it's easy to start believing them. But there are a lot of great divers out there. So I've got to keep practicing to improve my diving skills.

> 보기
>
> a. Why did your parents encourage you to go into diving?
>
> b. Tell us about how you got started with diving.
>
> c. I wonder if you've ever regretted becoming a diver.
>
> d. What's the hardest part about being a famous diver?

	(A)	(B)
①	a	b
②	a	c
③	b	d
④	d	b
⑤	d	c

15 (A)와 (B)에 들어갈 질문을 〈보기〉에서 골라 짝지은 것 중, 가장 적절한 것을 고르시오.

Reporter :　　　　　　　　(A)

Mr.Lee : When I was growing up, there wasn't a lot to do in a small town. So I observed the people around me. I listened to their stories, and I saw universal truths in their simple lives. These have been the main subjects and themes of my work. I'm delighted to share all this with my readers.

Reporter :　　　　　　　　(B)

Mr.Lee : My mother loved the arts. She enjoyed playing the organ and writing poetry. When I was five, she gave me a notebook, and I poured out my fancies and my dreams onto the paper. I would read my mother what I had written. It amused her, and I felt proud. I still have that notebook.

a. When did you first find joy in writing?

b. Where do your ideas come from?

c. How do you define the writer′s role today?

d. How did music influence your attitude toward life?

	(A)	(B)
①	a	b
②	b	a
③	b	c
④	c	d
⑤	d	c

16 _____ 에 가장 알맞은 것을 고르시오.

A : Excuse me. Which is Bob Scott′s house?

B : _____

It′s the third house on the left.

① I don′t know.

② Bob Scott′s house?

③ There′s no Bob Scott here.

④ I′m a stranger here.

⑤ You′ve got a wrong person.

17 _____ 에 적합하지 않은 것을 고르시오.

John : What are you doing this afternoon?

Mary : Well, nothing special.

John : How about playing tennis?

Mary : _____

① That′s all.

② Sounds great!

③ Terrific! What time?

④ Sorry, I′ve caught a cold.

18 (B)의 글은 (A)의 글을 대화문으로 구성한 것입니다. (　　)
에 들어갈 말로 적절하지 않은 것은?

(A)

Mary goes into a clothing store. She finds a dress

she really likes, and she wants to buy it. However, she doesn't have enough money.

(B)

Clerk : May I help you?

Mary : Sure. I'd like to see some dresses.

Clerk : This way, please.

Mary : Oh, this dress is beautiful!

I'll take it. How much is it?

Clerk : Only $50. It's on sale now.

Mary : _____

① Wow, that's a lot of money.

② Well, I'll think about it.

③ I love it, but I can't.

④ Oh, I'm sorry.

⑤ It's up to you.

AnSWeR

정답

Basic Grammar Focus

1 ① cups ② glass ③ pair ④ few ⑤ pieces

2 ① actor ② beggar ③ pianist ④ driver
⑤ Berliner ⑥ Athenian ⑦ assistant ⑧ liar
⑨ Texan ⑩ historian

3 ① painting-C ② milk-UC ③ photos-C ④ oil-UC
⑤ drawings-C ⑥Hope-UC ⑦ hope-C ⑧ flour-UC
⑨ shirts-C ⑩ coal-UC ⑪ onion-UC ⑫ fish-UC
⑬ eggs-C ⑭ cake-UC ⑮ motorway-C ⑯ ice-C
⑰ glasses-C ⑱ stones-C ⑲ paper-UC ⑳ iron-C

4 ① is/are ② is/are ③ are ④ is/are
⑤ has/have ⑥ are ⑦ have ⑧ are

⑨ is/are ⑩ are ⑪ is/are ⑫ have ⑬ are

⑭ is ⑮ are ⑯ is ⑰ is ⑱ are ⑲ Are

⑳ are ㉑ Are ㉒ have ㉓ has ㉔ has ㉕ has

Intermediate Grammar Focus

1 ① Congratulations ② are ③ haven't have, them
④ them ⑤ have ⑥ have ⑦ are, They ⑧ does
⑨ these/those, They ⑩ brains

2 ① an hour's delay ② two day's journey ③ seven
year's work ④ the earth's surface ⑤ at death's
door ⑥ a year's absence

Advanced Grammar Focus

1 ① hand ➡ hands ② grasses ➡ grass ③ deers ➡
deer, sheeps ➡ sheep ④ furnitures ➡ furniture

⑤ hour ➡ hours, is ➡ are ⑥ is ➡ are, spectacle ➡ spectacles ⑦ oxes ➡ oxen, the man-of-wars ➡ the men-of-war ⑧ people ➡ peoples ⑨ a few papers ➡ a few sheets of paper ⑩ Newton ➡ a Newton ⑪ hour ➡ hours, is ➡ are ⑫ the mayor ➡ mayor

Power Reading and writing

1 오늘은 제가 버스에서 있었던(경험했던) 일을 여러분께 말씀 드리겠습니다. 버스가 만원이었기 때문에 저는 문 가까이에서 있었습니다. 사람들이 타면서 서로의 발을 밟고 등으로는 다른 사람을 밀었습니다. 저는 승객들이 그것을 싫어한다는 것을 알았지만, 사람들은 서로 이러는 것을 이해했습니다. 우리나라에선 버스에 탔을 때 다른 사람을 조금이라도 건드리게 되면 사과를 합니다. 우리나라에서는 모든 이들은 위치에 상관없이, 개인적 공간에 대해 신경을 씁니다(예민합니다).

답 : ①

*오늘 버스에서 있었던 일 : today an experience I had on the bus

321

문화의 차이를 나타내는 글이므로 ①이 맞습니다. 미국에서는 자신의 팔 안의 범위에 다른 사람이 접근하는 것을 싫어합니다. 팔 안만은 자신의 고유영역으로 생각합니다.

2 "여러분들은 할 수 있다고만 믿어라. 그리고 할 수 있다!" 라는 소리를 여러분들은 얼마나 자주 들어봤습니까? 위대한 사람들로 하여금 그들의 성취를 이끄는 원동력이나 (그것을) 일으키는 행동은 바로 믿음의 행위입니다. "제군들이여, 우리는 그들을 물리칠 수가 있습니다"라고 어느 지휘관은 소리칩니다. 경기에서건 전투에서건 그러한 갑작스러운 믿음의 목소리는 상황을 반전시킬 수 있습니다. "나는 할 수 있어… 나는 할 수 있어… 나는 할 수 있어."

답 : ②

*정답에 대한 힌트는 맨 마지막 문장에 있습니다. 나는 할 수 있다고 스스로를 격려하고 북돋는 일입니다.(자기암시) 그래서 정답은 ②입니다.

3 열대 우림과 같은 생태계는 하룻밤 사이에 갑자기 나타나지는 않습니다. 그것은 수십 년 혹은 수백 년에 걸쳐 형성됩니다. 생태계의 형성은 사람이 아이에서 어른으로 자라는 과정과 동일합니다. 아무것도 없었던 열린(빈) 들판은 결국 숲

으로 변하지만, 우선 그것은 인간의 발달 단계와 유사하게 몇 가지(여러) 단계를 거쳐야만 합니다.

답 : development of an ecosystem 또는 developmental stages of an ecosystem

*답은 글의 맨 뒤에 있습니다. 열대 우림과 같은 생태계는 인간의 발달단계와 유사하다는 뜻입니다. 즉 생태계의 발달단계를 말합니다. 아기가 어른이 되는 데 오랜 시간이 걸리듯이 생태계도 이와 유사한 과정을 밟는다는 뜻입니다.

4 여러분이 가끔은 누군가와 여러 가지 문제를 상의할 필요가 있는 것처럼, 역시 여러분의 어머니도 그럴 필요가 있을 수 있습니다. 어머니가 여러분의 숙제를 가지고 다른 이들과 상의할 때, 아마도 어머니는 제안(도움말)을 찾고 계셨을지도 모릅니다. 여러분의 어머니가 다른 이들에게 여러분의 문제를 이야기할 때 그것이 여러분을 얼마나 당황스럽게 하는지 어머니께 조용히 설명을 하십시오. 아마 여러분과 어머니는 두 사람 사이에 반드시 지켜야 할 것과 그럴 필요가 없는 것에 대한 의견일치에 도달할 수 있을 것입니다.

답 : ③

*당신의 문제를 남과 협의하는 어머니께 당신이 당황했음을 말씀드리는

것이므로 답은 ③ 이 맞습니다. 이런 글의 내용은 답을 찾는 데 조금은 혼란스럽습니다. 윗분에게는 충고보다는 그 내용을 말씀드리는 것이지요.

5 만일 여러분들이 '정보 활용 능력' 이란 용어를 많이 듣기 시작한다면 절대로 놀라지 마십시오. 디지털 혁명은 가까운 장래에(조만간) 학생과 성인들이 전혀 새로운 기술, 즉 정보를 얻는 방법, 찾을 수 있는 장소 그리고 정보를 이용하는 법을 필요로 할 것이라는 것을 의미합니다. 정보 처리에 능숙해지는 것은 학교뿐 아니라 현장에서, 21세기의 가장 중요한 기술 중 하나가 될 것입니다. 그러므로 어쨌든 여러분들은 결국 이 기술들을 숙달해야 할 것입니다. 그러니 이제 그 기술들을 다루어보도록 하십시오.

답 : 정보를 능숙하게 활용하는 기술을 익혀야 한다. 또는 정보 처리에 능숙하게 되는 것, 또는 Becoming good at handling information 모두 맞습니다.

6 옛날로부터 전해오는 이야기에(전해내려오는 지식과 같은 것) 따르면 사람은 결점으로 가득 찬 가방 두 개를 목 앞에 하나, 뒤에 하나를 걸고 이 세상에 태어난다고 합니다. 그러나 목 앞의 것은 이웃들의 결점으로 가득 차 있고, 다른 하나 목 뒤

의 것은 자신의 결점으로 가득 차 있다고 합니다. 그 결과 사람은 자신의 결점은 보지 못하지만, 다른 이들의 결점은 놓치지 않고 보게 됩니다.

답 : ③

* ③은 '똥 묻은 개가 겨 묻은 개를 나무란다'는 뜻의 속담으로 자신의 결점은 잘 못보면서도 남의 결점은 잘 본다는 뜻입니다. 또 다른 번호의 내용이 본문의 내용들과 동떨어진 것이므로 ③이라는 것을 짐작할 수 있습니다.

7 철도는 100년 동안 수송에 있어서 그 누구의 도전도 받지 않는 선도자였습니다. 그러나 1900년대 초에 철도는 보다 새로운 형태의 수송수단과의 경쟁에 직면하게 되었습니다. 오늘날은 수백만 명의 사람들이 자동차를 소유하고 있습니다. 버스는 도시 간의 값싼 서비스를 제공하고 있습니다. 비행기는 장거리에 있어 신속한 수송을 제공합니다. 이러한 결과 철도의 이용은 급격한 하락을 하게 되었습니다. 거의 모든 철도는, 사업에서 퇴출될 심각한 문제에 직면하게 되었습니다. 그러나 철도는 저비용의 연료 절감형 수송수단을 제공합니다. 디젤 연료 1갤런으로 트럭이 수송하는 것의 4배를 수송합니다. 이러한 관점에서 철도는 세계가 연료 절약에 대해 고심하고 있을 때, 제공할 수 있는 것이 많은 수송형태

입니다.

답 : ⑤

8 나의 가장 좋은 학교기록은 1학년 때 Varulo 선생님으로부터 받은 것입니다. 먼저 선생님은 부모님께 나의 놀라운 신체적 에너지에 대해 말씀해주셨습니다. "Lisa는 반 친구들을 쫓아가 때리는 일에는 지치는 법이 없어요." 다음으로 그녀는 내가 수업에 참여해서 능동적으로 활동하는 것과 문제제기를 하는 마음을 칭찬하셨습니다. "어떠한 지시 후에도, 심지어는 '연필을 꺼내세요' 라는 간단한 지시에도 Lisa는 '왜요?' 라고 질문합니다." Varulo 선생님은 내가 사용한 어휘들에 대해서도 많은 감명을 받으셨는지 다음과 같이 말씀하셨습니다. "전 Lisa가 자신이 사용하는 말 중 일부는 어디에서 배운 건지 알 수가 없습니다. 어쨌든 제가 교실에서 가르친 것이 아닌 것은 확실합니다." 아무래도 선생님은 이미 내가 유명한 소설가가 되리라는 걸 알고 계셨나 봅니다. 선생님은 "제가 가르쳤던 어떤 학생보다 Lisa는 훨씬 더 타

고난(선천적인) 거짓말쟁이입니다" 라고 쓰셨습니다.

답 : ②

* 이 글에서 선생님은 학생의 편에서 이해를 하고 계시지만 조금 반어적
이죠? 또 선생님의 말씀에는 모두 유머가 있습니다.

9 고대 중국에서 공무원 시험에 합격한다는 것은 결코 쉬운
일이 아니었습니다. 지원자들이 단지 고전을 읽기 위해 수
천 개의 한자를 알도록 요구받았기 때문에 공무원 시험을
준비하는 데 수년이 걸렸습니다. 더욱이 그들은 교재 전체
를 암기해야만 했습니다. 시험에서 그들은 특별한 교재에
대한 특정 질문에 대해 에세이를 썼습니다. 그리고 나서 이
에세이들은 순수성, 진실성, 우아함, 예의바름의 기준에 따
라 평가되었습니다. 그럼에도 이 기준은 너무도 모호해서
지원자들은 시험관의 문학적 선호를 찾아내려고 애쓰는 수
밖에 거의 도리가 없었습니다.

답 : ④

* 이 문제의 힌트는 They wrote essays, These essays, These
criteria 에서 찾을 수 있습니다. 특히 essays와 criteria가 앞의 제시된
문장에 나오므로 완벽하게 일치합니다. 영어의 지시어는 대부분 앞에 나
온 문장을 말합니다.

10 Rutherford B. Hayes : "정말 긴장은 참기 힘들죠. 시간이 흐를수록 점점 더 참기가 힘들어집니다." "인간의 본성은 너무 오랫동안 이것을 참을 수는 없습니다."

Dwight D. Eisenhower : "마음과 영혼을 지치게 하는 한, 대통령직은 아마도 가장 힘든 직업이란 걸 말씀드리고 싶습니다." "'대통령은 결코 대통령 집무실을 벗어날 수 없다' 라는 옛 속담은 사실입니다."

➡ 미국의 대통령직은 삶을 힘들게 한다.

답 : ②

* 두 사람의 말속에 정답이 모두 들어 있습니다.

2과

Basic Grammar Focus

1 ① a, a / the, a, The, X ② An / The, the, the

③ X, the ④ the, the ⑤ the ⑥ an, the

⑦ the, a ⑧ the, the, the ⑨ the, the

⑩ the, X, the, X ⑪ X, the

⑫ the, the/a, the, the/a, the ⑬ The, the, the, X

⑭ a, the ⑮ X, a ⑯ X, the

⑰ the ⑱ a, the ⑲ the, the

⑳ a ㉑ X ㉒ the ㉓ X ㉔ a ㉕ the

㉖ X ㉗ a ㉘ X ㉙ X ㉚ X

㉛ X ㉜ X ㉝ the ㉞ a

㉟ the ㊱ X ㊲ X ㊳ the ㊴ X ㊵ The

Intermediate Grammar Focus

1 ① d ② c ③ a ④ b

2 ① a → an ② were → was ③ Mississippi → The
Mississippi, in United States of America → in the
United States of America

3 ① the   ② a, a, X   ③ The, an, X

Advanced Grammar Focus

1 ① the   ② a   ③ the   ④ the   ⑤ The   ⑥ a   ⑦ The
⑧ the   ⑨ an   ⑩ the   ⑪ an   ⑫ an   ⑬ a   ⑭ the
⑮ the

2 ① an   ② the   ③ a   ④ the   ⑤ the

3 ① X   ② X   ③ X   ④ an   ⑤ X   ⑥ the   ⑦ The
⑧ a   ⑨ X   ⑩ The   ⑪ the   ⑫ X   ⑬ the   ⑭ the
⑮ X   ⑯ X   ⑰ X   ⑱ X   ⑲ X   ⑳ X   ㉑ X   ㉒ X
㉓ X   ㉔ X   ㉕ X   ㉖ The   ㉗ the

4 ① the   ② X   ③ X   ④ a/the   ⑤ X   ⑥ X   ⑦ X
⑧ X   ⑨ X   ⑩ X   ⑪ the   ⑫ the   ⑬ X   ⑭ the
⑮ the   ⑯ the   ⑰ X   ⑱ X

1 우리는 전적으로 다른 사람에게 의지하는 아이로서 인생을
시작합니다. 우리는 다른 사람들에 의해 가르침을 받고, 양육
되고, 부양됩니다. 만일 이런 양육을 받지 않는다면 우리는
기껏해야 몇 시간 또는 며칠밖에 살지 못할 것입니다. 그러고
나서 우리들이 결국_____할 때까지 우리들은 수개월, 수년
에 걸쳐서 신체적, 정신적, 감정적으로 더 독립적이 됩니다.

답 : ④

* take care of ourselves를 넣으면 위의 글은 더욱 선명해집니다.

2 우리가 하는 일과 같은 일들을 하기 좋아하는 누군가를 만
난다면 그때 우리는 사이 좋게 살아가고 행복해질 거라는
것이 공통된 믿음입니다. 함께 어떤 일에 참여해서 활동한
다는 것은 서로의 관계를 맺는 데 좋은 출발이 됩니다. 그러
나 똑같은 일을 하고 싶어 하지만 사람들과 잘 지내지 못하
는 사람을 여러분들은 알고 있다고 난 확신합니다. 이것은
다른 조직은 물론, 같은 사회단체, 회사, 팀에 속한 모든 개
인에게 있어서도 사실입니다. 분명한 것은, 조화로운 관계
를 만들어내는 것이_____만은 아닙니다.

답 : ③

* 즉 공통의 관심이 모든 사람들에게 적용되는 것은 아니라는 뜻입니다. 그리고 위의 글에서 원래의 문장은 A common belief is that then we will get along and we will be happy이고 그 사이에 if we find someone who likes to do the same things we do 라는 절이 들어갔습니다(삽입절이라고 합니다).

3 현재의 미국 경제는 세계 2차 대전 이후의 그 어느 시기보다도 더 큰 빈부의 격차를 보여주고 있습니다. 가장 근본적인 이유를 간단히 들자면, 미국 그 자체가 세계 나머지 나라들과 분리된 경제 체제로서 존재하지 않는다는 것입니다. 이제 '캘리포니아 경제'를 말하는 것이 의미 없는 것처럼 '미국 경제'를 말하는 것도 의미가 없습니다. 미국은 점점 _____ 이 되고 있습니다.

답 : ②

* 미국의 경제도 다른 나라의 경제와 밀접한 관계를 갖고 있다는 뜻입니다. 즉 혼자서는 존재할 수 없다는 뜻입니다. no more A than B (B가 ~ 인 것처럼 A도 ~이다)

4 연구가들은 컴퓨터 놀이가 취학 전 아동의 읽기 점수를 올

리거나 컴퓨터 과학에 대해 그들을 훈련시키지는 못한다고 주장합니다. 그러나 컴퓨터는 어린 아이들이 매우 불가항력적으로 느끼는 두 가지 특별한 성질을 가지고 있습니다. 그것은 무한한 인내와 순종입니다. 컴퓨터는 기꺼이 같은 일을 몇 번이고 계속해서 합니다. 아이들은 이것으로 인해서 자신감을 가지게 됩니다. 아이들은 컴퓨터를 사용할 때마다 자신들이 어떤 것에 능숙하다는 놀라운 느낌을 갖게 됩니다. 미취학 아동에게 있어 컴퓨터 사용의 이점은 주로 _____인 것입니다.

답 : ④

* 아이들로 하여금 자신감을 갖게 하거나 어떤 것을 잘하고 있다는 느낌은 심리적인 것을 말합니다. 그러므로 정답은 ④입니다.

5 기분이 좋지 않은 감정을 느끼는 것은 지극히 정상적이라고 할 수 있습니다. 이것이 항상 불쾌하거나 가끔 기분이 나쁜 것조차 정상이다라는 것을 의미하지는 않습니다. 그리스인들은 "모든 일은 중용 안에서"라고 말했으며, 그것은 기분의 좋고 나쁨에 대한 규칙입니다. 적절히 합리적으로 기분이 나쁜 사람은, 늘 기분이 _____해서 종종 지루한 사람보다 훨씬 더 많이, 이따금씩 기분 좋음을 즐길 것입니다.

답 : ②

6 컴퓨터는 초인적이지 않습니다. 고장도 납니다. 그것들은 실수도 하고 가끔 위험한 것이 되기도 합니다. 컴퓨터는 결코 마법이 아니며 우리의 환경에서 '정신'이나 '영혼'도 확실히 아닙니다. 그러나 이러한 모든 제한적인 조건에도 불구하고, 컴퓨터는 인간이 이룬 업적 중에서 가장 놀라운 것들 중 하나로 남습니다. 왜냐하면 컴퓨터는 우리의 지능을 강화시켜주기 때문입니다.

답 : ③

7 어느 날 트럭이 거리에서 보행자를 치었습니다. 운전자는 부주의한 보행자가 그 사고에 대해 책임을 져야 한다고 강조합니다. 사고가 일어난 장소를 정확하게 판단하기는 어려웠습니다. 많은 목격자들은 사고가 횡단보도에서 일어났다

고 주장했습니다. 그래서 운전자가 그 사고에 대해 책임을
져야 한다고 여겼습니다.

답 : ④

* 사실 이 문제는 문법적인 문제입니다. 글의 흐름은 모두 맞습니다. 주
장, 명령, 요구, 제안 등을 나타내는 동사 뒤에 "~해야 한다"는 내용이 나
오면 (should +) 동사원형을 써야 하지만 , "~해야 한다"는 내용이 아
니면 시제에 맞게 써야 합니다. 위 글의 should take place는 주장하는
글로서 글의 성격에 맞지 않습니다. 위 글에서는 took place (일어났다)로
되어야 합니다. 만일 You should do it 하면 당신은 그것을 해야 한다
라고 합니다.

8 이 사람은 존경할 만하고 문제의 양 측면에 대해 모두 기록
해야 한다는 것이 중요합니다. 만일 그가 이야기의 한 면만
을 설명한다면, 그는 공정한 사람이 아닙니다. 이 사람은 어
떤 개인이나 집단을 기쁘게 하려고 사실을 바꾸어서는 절대
안 됩니다.

이 사람이 자신의 임무는 독자들에게 봉사하는 것이라는 것
을 기억하는 것 또한 중요합니다. 그의 독자들 중 일부는 그
를 좋아하지 않을 수도 있고, 심지어 그의 이야기로 인해 화
를 낼 수도 있습니다. 하지만 그는 모든 사람을 즐겁게 할 필

요는 없습니다. 만일 그의 사실이(그가 쓴 이야기) 진실하다
면, 그것이 바로 가장 중요한 것입니다.

답 : journalist

* to write about both sides of a problem이 이 글의 핵심이지만 답을 맞추
기에는 좀 어려운 문제입니다.

9 중국인들은 시계가 발명되기 이전에는 자신들의 고양이를
시계로 이용했다고 합니다. 그들은 고양이의 눈동자가 하
늘에 있는 태양의 위치에 따라 차차 _____을 변화시킨
다고 믿었습니다. 한낮에 고양이들의 눈동자는 가는 선과
같은 모습을 띠고, 일몰 때까지 점차 더 둥글어집니다.

답 : ⑤

* 고양이 눈동자의 크기, 즉 형태가 태양의 위치에 따라서 달라진다고
하였습니다.

10 제가 빠르게 자전거를 타고 있었을 때 트럭 한 대가 제 앞으
로 질주해왔습니다. 제가 브레이크를 걸었을 때, 자전거는
멈췄지만, 전 그렇지 못했습니다. 전 손잡이 위로 날아가
도로에 머리부터 '꽝' 하고 떨어지고, 어깨가 도로에 부딪

친 것을 기억합니다. 그러고 나서 전 병원으로 옮겨져 치료를 받았습니다. 제가 깨어났을 때, 간호사는 저의 헬멧을 보여주면서, "넌 참 운도 좋구나"라고 말했습니다. 헬멧은 반으로 쪼개져 있었습니다. 그것은 저의 _____일 수도 있었습니다.

답 : ①

* That could have been my head. 가정법 과거완료입니다. (That could not be my head) 내 머리일 수도 있었다는 뜻입니다. 아찔하죠?

3과

1 ① My ② His ③ Their ④ Her ⑤ Her ⑥ Her
⑦ His ⑧ His ⑨ Your ⑩ Your

2 ① She ② It ③ it/her ④ she/it ⑤ it/one

3 ① ones ② ones ③ one ④ ones ⑤ one

4 ① none ② some ③ it ④ them ⑤ any

5 ① the ② my ③ My ④ My ⑤ the

6 ① you ② me ③ ourselves ④ herself ⑤ himself

7 ① nothing ② anything ③ no one/nobody
  ④ something ⑤ anyone/anybody

Intermediate Grammar Focus

1 ① I'm losing all my hair.

  ② He explained the whole situation.

  ③ All the money was spent.

  ④ You didn't tell me the whole truth.

  ⑤ I heard the whole story.

2 ① Everyone ②Everyone, all ③ Everything

④ all   ⑤ everything

3 ① every   ② each   ③ every   ④ every   ⑤ each

4 ① the other   ② the other   ③ others   ④ another   ⑤ the next   ⑥ another/the other, the other   ⑦ another   ⑧ other   ⑨ the others   ⑩ either   ⑪ Neither   ⑫ either   ⑬ neither   ⑭ either   ⑮ neither

Advanced Grammar Focus

① Every so often ② every few weeks ③ each of them ④ not all the food usually ⑤ Not all of my brothers always come ⑥ Neil and his family were all on holiday ⑦ We all had a great time

1 여러분도 아시겠지만, 저는 이 아파트에서 지난 10년 간 살아왔으며 임대차 계약을 세 번이나 갱신하였습니다. 집세는 매번 인상되기는 했으나 지금까지는 늘 합리적인 액수만큼이었습니다. 하지만 이번 100퍼센트 인상이라는 것은 너무나 터무니없는 것이며, 저는 그런 큰 인상분을 지불할 준비가 되어 있지 않습니다. 아파트 상태를 개선하기 위해 해놓은 것이 아무것도 없음에도 불구하고 세입자에게 그런 큰 인상액을 지불하도록 요구하는 것은 잘못입니다. 사실 아파트 정문 입구는 수치스러울 정도죠. 저는 그곳이 이제까지 청소된 적이 거의 없었다고 생각합니다.

답 : 항의

* 갑자기 대폭으로 오른 아파트 집세에 대해서 항의하는 글입니다. (One hundred percent, though, is an absolute scandal)

2 크리스마스 분위기가 한창일 때, (그런 분위기를) 따라가려는 마지막 시도를 한, 결코 부유하지는 않지만 친절한 한 여자가 있었습니다. 그녀는 가게에 있는 50장의 동일한 인사장한 상자를 보자마자, 서둘러 집으로 가져와, 자정이 되기 전

에 49장에 서명했습니다. 그 다음날 그것들을 우체통에 넣고 그녀는 안도의 한숨을 내쉬었습니다. 바로 그때 그녀는 남아 있는 한 장의 카드를 펴보았고, 이런 말이 인쇄되어 있는 것을 발견했습니다. 이 작은 카드는 제가 보낸 선물이 (당신께로) 가고 있음을 단지 말해주는 것입니다.

답 : ⑤

* 모든 일이 끝난 줄 알았는데 뜻밖의 내용의 카드를 발견하였으니 황당할 것입니다.

3 그것들은, 지표 가까이에 있는 여름 공기는 덥지만 몇 마일 위의 공기는 차가운 상태로 있으면서 만들어집니다. 습기를 지니고 있는 따뜻한 공기는 그 차가운 공기 속으로 밀고 올라가면서, 습기는 얼어서 얼음 조각이 됩니다. 그후 그것들은 더 따뜻한 공기 속으로 떨어지고, 그곳의 습기 때문에 거기서 다른 얼음막이 만들어집니다. 때때로 바람이 그것들을 차가운 공기 속으로 다시 밀어 올려서 그것들을 더 크게 만듭니다. 그것들이 땅에 떨어질 때는 농작물이나 자동차에 피해를 입힐 만큼 충분히 커지게 됩니다.

답 : ④

* '습기는 얼음조각이 된다' 와 농작물이나 자동차에 피해를 줄 정도의 얼

음이란 것으로 보아 우박이겠죠? drops of ice

4 그 문제는 광범위해서 그에 따른 충분한 대책이 필요합니다. 우리가 그 문제에 대해서 중요한 영향을 미치고자 한다면 교육 프로그램들, 직업의 기회들, 휴양 시설, 성인 상담과 같은 모든 계획들과 그 이상의 많은 것들이 포괄적인 프로그램 속에서 서로 결합되어야 합니다. 우리는 모든 젊은이들에게 그들의 성장 배경이 제아무리 형편없어도, 우리 사회에서 자신을 실현하고 건설적인 역할을 수행할 수 있는 진정한 기회를 그가 가지고 있음을 보여주어야 합니다. 우리는 단지 새 교도소를 세우는 것만으로 그 문제를 해결할 수 없습니다. 우리는 우리나라의 젊은이들을 위한 새로운 기회를 창출해내야 합니다.

답 : 청소년 범죄

* 어려운 문제입니다. 그러나 젊은이, 교도소, 문제를 해결할 수 없다 (We cannot solve the problem by building new prisons.)를 인지하면 답을 유추해낼 수 있습니다.

5 Steve는 4년 동안 회사의 창고 중 하나를 감독해왔었습니다. 그는 일을 아주 잘 해냈습니다. 어느 날 사장이 그에게

회사의 모든 창고 운영을 감독하는 새로운 일을 제안했습니다. 그러나 Steve는 그 승진을 거절했습니다. 그의 자아상은 어릴 적 아버지가 자주 야단치시던 말, "난 조금도 책임감이 없는 너를 믿을 수 없구나. 모든 걸 망치는구나"라는 꾸짖음이 강하게 자리잡고(기초하고) 있었습니다. Steve의 좋은 근무기록은 그가 그 일을 잘 처리할 수 있음을 입증하는 것이었으나, 내면의 목소리는 그에게 실패할 거라고 말하고 있었던 것이었습니다.

답 : 아버지의 질책(아버지가 야단치시던 말)

* His selfimage was strongly based on the frequent scoldings his father gave him이 물음의 힌트입니다.

6 심리학자들에 의하면 신체적인 외모가 첫인상의 55%를 차지한다고 합니다. 신체적인 외모란 얼굴 표정, 눈맞춤, 전반적인 외모를 포함합니다. 말하는 방식은 첫인상의 35%를 차지합니다. 여기에는 얼마나 빨리 또는 느리게, 혹은 얼마나 크게 또는 부드럽게 말을 하는가와 목소리의 음조가 포함됩니다. 사용하는 실제 낱말은 10%밖에 되지 않습니다. 그러므로 사람들은 대부분 _____에 기초하여 첫인상을 만들고, 그 다음에는 말하는 방식에, 마지막으로 말하는 것에

근거해 첫인상을 만든다고 할 수 있습니다(결론지을 수 있습니다).

답 : ③

* your physical appearance makes up 55% of a first impression.
첫인상이 중요하다고 했습니다.

7 식물들은 바람, 비 그리고 심지어 인간의 접촉 같은 환경적인 압박에 반응한다고 알려져 있습니다. 예를 들면, 해안가의 나무들은 강한 바람과 폭우에 점점 더 작아지고 강해집니다. 스탠포드 대학에서 행해진 실험 연구에서 식물 성장 패턴에 있어서 그와 같은 변화들이 하루에 두 번씩 식물을 접촉함으로써 야기되었습니다. 연구자들은 또한 이러한 성장 변화들이 유전자 활동으로부터 기인한다는 것을 발견했습니다. 그들이 발견한 결과들은, _____이 없다면 이런 유전자 활동이 일어나지 않는다는 것을 나타내고 있습니다.

답 : ③

* 식물들은 접촉의 결과 변화한다고 했습니다. 접촉이 이루어지면 자극을 받겠지요.

8 한 여학생이 어느 유명한 음악가의 연주회에 갔습니다. 그

연주회는 한 시간 동안 계속되었습니다. 연주회가 끝났을 때, 그녀는 그의 열정적인 연주에 환호했고 오랫동안 박수를 쳤습니다. 그리고 나서 무대로 통하는 문에서 그 여학생은 바이올린 연주자에게 그의 사인을 요청하였습니다. "죄송합니다. 지금은 안 되겠어요. 내 손이 지쳤어요"라고 그가 성급하게 대답했습니다. 그 여학생은 화를 내는 대신에, "내 손도 또한 지쳤어요"라고 대답하였습니다. 이 재치 있는 말이 음악가를 이겨냈습니다. 그래서 그녀는 사인을 받았고, 두 사람은 좋은 친구가 되었습니다.

답 : ①

* 여학생의 재치가 대단합니다. 오랫동안 박수를 쳤으니까 여학생의 손도 지쳤겠지요. 한편으로는 음악가가 좀 무례하다고 생각이 들지 않으세요?

9 우리는 클래식 음악의 새 이름, 가격은 저렴하면서도 돈만큼의 진정한 가치를 제공하는 MUSE를 내놓게 되어 자랑스럽습니다. 최고 수준의 전설적인 녹음은 세계적으로 유명한 음악가와 관현악단이 특징적입니다. 각 음반은 음악가에 대한 간략한 소개와 클래식 음악에 대해 더 많은 것을 발견하는 데 안내가 될 만한 흥미로운 정보를 담고 있습니다. 게다가 장르별로 코드화된 색은 구입 선택 시 도움이 될 것입니

345

다. 클래식 음악에 대한 신선한 길잡이, MUSE에 오신 것을 환영합니다.

답 : ①

* classical music이 정답의 힌트입니다.

10 수학과 언어와 같은 기본적 기술에서 우리 교육이 높은 수준에 도달하지 못한다는 것은 확실합니다. 그리고 우리 아이들이 라틴어를 모르며, Mussolini를 Dostoevski와 같은 범주로 놓고, 주기율표를 암기하지 못한다는 것을 우리는 분명히 알고 있습니다. 하지만 우리가 수백 개의 기하학 문제나 세계의 모든 강의 이름으로 자라나는 우리 아이들의 마음을 채우는 것이 더 좋습니까? 우리는 정말로 자기 표현에 대한 그들의 기회를 좌절시키기를 원합니까?

답 : 주입식 교육은 피하자(암기교육은 피하자).

* 암기하는 것이 아이들의 마음을 채울 수 없다는 뜻입니다. Do we really want to frustrate their opportunities for selfexpression? 이 문제의 힌트가 되겠지만 어려운 문제입니다. 상상력을 동원해야 할 문제입니다.

Basic Grammar Focus

1 ① whom ② that ③ which ④ whose ⑤ that

2 ① That is the girl whom we know very well.

　② Tom was the first boy that came to school.

　③ I have a friend whose brother is a college student.

　④ I know a boy that everyone likes.

　⑤ Jane has a sister whose name is Nancy.

3 ① I have an uncle who works for a bank in Seoul.

　② There is a big river which runs through the city.

　③ The book she read yesterday was exciting.

4 ① who, has ② which, was

　③ which, are ④ whose, name

5 ① He is the customer whose address I lost.

② He is the novelist whose book won first prize.

③ They are the children whose team won the match.

④ You are the expert whose advice we want.

⑤ I'm the witness whose evidence led to his arrest.

Intermediate Grammar Focus

1 ① He's the accountant whom you recommended to me. ② She's the nurse whom I saw at the hospital. ③ They're the postcards which I sent from Spain. ④ They're the secretaries whom Mr. Pym employed. ⑤ That's the magazine which I got for you yesterday.

2 ① , who ② who, what ③ whose ④ , whose ⑤ whom ⑥ , which ⑦ which ⑧ that ⑨ , whom ⑩ , whose

Advanced Grammar Focus

1 ① whom ⇒ who   ② whom ⇒ who

③ whomever ⇒ whoever   ④ whom ⇒ who

⑤ whom ⇒ that

⑥ where ⇒ which, scenery ⇒ sceneries

⑦ whom ⇒ who ⑧ whom ⇒ who

⑨ which ⇒ that   ⑩which ⇒ that

Power Reading and writing

1 1) a   2) whose, name

3) 그들이 원하는 많은 종류의 인형들, 장난감들 그리고 다른 것들이 있었습니다.

4) which(that), is   5) c, e   6) which(that), had(sold)

2 1) 우리들이 그렇게 많이 사랑했던 나무도 잘라진 나무 중 하나였습니다.

2) a   3) grown   4) b   5) b   6) 자연과 인간, 나무사랑,

자연보호 등(나무 한 그루가 우리 인간들에게 얼마나 많은 도움을 주는가를 어렸을 때의 추억을 들어서 설명하였습니다)

3 어느 누구도 과거의 실수들이 그의 현재를 파괴하거나 미래를 어둡게 만들도록 방치해서는 안 됩니다. 놀라운 사실은 우리가 늘 새로운 시작을 할 수 있다는 것입니다. 당연히 현명한 사람이라면 죄의식을 불러일으키는 행동을 피함으로써 그것에서 벗어나려고 애쓸 것입니다. 그는 행동 이전에, 자신의 도덕적 판단을 살펴보고 연습해볼 것입니다. 그러나 만약 그가 어떤 잘못을 저지른다면 그는 솔직하게 실수를 받아들이고 용서를 구하고자 노력해야 하며, 또한 가능하면 보상을 해야만 합니다. 그래야 그는 편안한 마음으로 자신의 길을 갈 수 있습니다.

답 : 실수에 대한 대처

* he must accept his errors frankly가 정답의 힌트입니다.

4 당신은 "문제를 같이하면 그 문제는 반이 된다"(걱정을 나누면 걱정은 반이 된다)라는 속담을 들어본 적이 있습니까? 만약 당신의 문제를 혼자 간직한다면 그것은 실제보다 더 큰 나쁜 것처럼 보일 수가 있습니다. 만약 당신의 문제에 대해

다른 사람에게 말한다면 당신은 그것을 다른 시각에서 볼 수 있게 됩니다. 감정을 말로 옮겨 그것을 큰 소리로 말하는 것이 때로는 도움이 됩니다. 또한 때때로 당신과 대화하는 사람이 전혀 걱정할 것이 없다는 것을 확신시켜줄 수 있다는 것을 알게 될 것입니다.

답 : ①

* A problem shared is a problem halved 가 정답의 힌트입니다. 문제가 발생하면 다른 사람과 의논하면 더 좋다는 뜻입니다.

5 하지만 이익이 있으면 그에 반해서 손해도 있기 마련입니다. 한 가지 예를 들면 직업은 가질 수 있지만 보수가 좋지 못하다면 도시 생활은 종종 비용이 많이 들기 때문에, 많은 것들을 할 여유가 없을 것입니다. 게다가 대중교통은 때때로 붐비고 더럽고, 특히 출퇴근 시간에는 더 그렇습니다. 마지막으로 모든 혼잡에도 불구하고 여전히 도시에서는 극도의 외로움을 느낄 수 있습니다.

답 : ②

* For every plus, however, there is a minus 가 정답의 힌트입니다.

6 어떤 것은 많고 어떤 것은 적더라도, 모든 음악은 표현력이 있으며, 음조 이면에 어떤 의미를 지니고 있다고 나는 믿고 있습니다. 그 의미는 부분(악절)이 말하려고 하는 것으로 구성됩니다. 이러한 전체적인 문제는 "음악에 의미가 있는가?"라는 질문을 함으로써 아주 간단히 제기될 수 있습니다. 그에 대한 나의 답변은 "예"일 것입니다. 그리고 "그 의미가 무엇인가를 그 만큼의 말로 설명할 수 있는가?"에 대한 나의 대답은 "아니오"일 것입니다. 거기에는 어려움이 있습니다.

답 : ②

* All music has a certain meaning.와 There lies in difficulty.가 힌트. 즉 음악의 의미에 대한 단정을 내리는 것은 힘들다는 뜻입니다.

7 Betty는 최근에 조카 결혼식에 참석했습니다. 그녀는 그 멋진 날에 대한 모든 것을 내게 편지로 써 보내주었고, 그 목사님이 파티에서 말한 몇 가지 재미난 이야기를 덧붙여 보내주었습니다. 편지의 이야기들 중에는 한 목사님의 이야기가 있었습니다. 그 목사님은 한 여신도를 방문하여 최근에 그녀를 교회에서 본 적이 없다고 말했습니다. "맞아요. 최근에 날씨가 매우 습해서 그랬어요"라고 그녀가 말했습니다. 그 목사님은 미소 지었습니다. "그러나 Smith양", 그는 그녀

에게 상기시켰습니다. "교회는 건조합니다." Smith양이 말했습니다. "정말이고 말고요. 건조하죠." "특히 설교는요."

답 : ②

* Smith양의 건조하다는 말의 뜻은 이야기가(설교) 건조한 날씨처럼 재미가 없었다는 것입니다.

8 지난 여름의 그 청명한 풍경은 이제 가버렸습니다. 따스한 풀 냄새도 꽃과 소나무의 향기도 없습니다. 해는 지고 있습니다. 하늘이 짙은 색 담요처럼 내리누르듯, 평지는 지금 지평선 쪽으로 멀리 밀려가고 있습니다. 나는 마을을 살펴보지만, 아무런 움직임의 기미도 없습니다. 마을 전체가 황폐화된 것으로 보입니다. 나는 완전한 고립 속에 홀로 있는 내 자신을 발견합니다. 단지 이따금 한바탕 부는 바람이 모든 것을 날려버릴 듯 위협하면서 부러진 나뭇가지를 휘젓고 먼지를 일으키고 있을 뿐입니다.

답 : ④

* 쓸쓸하고 기분을 우울하게 만드는 느낌의 글입니다.

9 돈은 단지 교환의 편리한 매개물일 뿐이며, 그 이상도 그 이하도 아닙니다. 돈이 발명되기 전에 우리 인류는 물건을 다

른 물건이나 용역과 교환하는 물물교환 제도를 이용했습니다. 돼지 한 마리는 교환시 닭 다섯 마리의 가치가 있었을지 모르며, 일주일의 노동으로 염소 한 마리나 다른 것들을 내 주었을지 모릅니다. 매주 쇼핑하기 위해 많은 가축이나 곡물을 가지고 다니는 문제를 상상할 수 있습니까? 물물교환 제도는 사람들이 더 많이, 더 먼 거리까지 돌아다니기 시작할 때까지는 잘 이루어졌습니다(성공적이었습니다).

답 : ①

* 이 글 다음에는 물물교환의 단점이 나오겠지요. 그리고 대체수단이 등장한다는 글이 올 것입니다. The barter system worked well until people started to move about more and to greater distances. 가 이 문제의 힌트입니다.

10 중앙아프리카의 Ndembu사람들은 병이란 흔히 환자에 대한 친척, 친구 또는 적의 분노의 결과라고 믿고 있습니다. 그들은 이러한 감정이 치아가 환자의 몸속으로 들어가서 병을 유발시키도록 만든다고 말합니다. 치료사는 그 희생자의 친척들과 친구들을 불러 모아 어떤 의식을 지켜보도록 하는데, 그 의식의 말미에 그 치료자는 환자의 목, 팔, 다리 등에서 그 치아를 '제거'하게 됩니다. 비록 그 환

자와 마을 사람들은 무슨 일이 일어났는지를 알고 있을지라도, 즉 그 치아가 치료사의 입안에 항상 숨겨져 있었다는 것을 알고 있을지라도, 그 환자는 종종 치유됩니다.

답 : ⑤

* heal이 문제의 힌트입니다.

Basic Grammar Focus

1 ① no ② many ③ much ④ mine

2 ① too, enough ② Few, people
③ pieces(sheets), paper ④ a, little
⑤ How, much

3 ① earliest ② bigger ③ best ④ longer

4 ① earlier, than　② the, best　③ more, slowly

　④ well, as　⑤ shorter　⑥ better, than

　⑦ higher, mountain

5 ① the, longest, in　② more, interesting, than

　③ the, fastest, cars　④ much, warmer, than

　⑤ easier, than　⑥ the, most, interesting

　⑦ Who, the, most

6 ① fewer　② less　③ A lot of　④ much

　⑤ many　⑥ Most of　⑦ Most　⑧ a little

　⑨ a few　⑩ any　⑪ enough　⑫ hardly any

　⑬ neither　⑭ Both　⑮ no

7 ① much less　② any more　③ many more

　④ much less　⑤ Lots more　⑥ some more

　⑦ plenty more　⑧ a lot less　⑨ much more

8 ① some　② some　③ any

　④ any　⑤ some

9 ① few   ② a little   ③ little   ④ a few   ⑤ a few

Intermediate Grammar Focus

1 ① less, fewer   ② fewer   ③ fewer   ④ less   ⑤ less

2 ① farther   ② oldest   ③ worse   ④ lesser
⑤ latest   ⑥ further   ⑦ well   ⑧ last   ⑨ oldest
⑩ smaller   ⑪ less   ⑫ older   ⑬ most
⑭ better   ⑮ best   ⑯ farthest
⑰ oldest   ⑱ least

Advanced Grammar Focus

1 ① few   ② many   ③ A lot of   ④ fewer
⑤ much   ⑥ a little   ⑦ a lot of   ⑧ a few

1 1센트는 가치가 매우 작기 때문에 사람들이 거리에서 애써 주우려 하지 않는 게 보통입니다. 엄지와 검지로 줍기가 어렵고 그리고 노력을 들인 만큼의 가치가 있어 보이지는 않습니다. 그러나 약간의 추가 노력으로 이 작은 동전들은 자선 단체들에 의해서 수집됩니다. 한 사람이 열 개의 동전을 줍고, 열 사람이 100개의 동전을 줍고, 그래서 (결국에는) 수백, 수천, 심지어 수백만 달러가 됩니다. 이러한 돈은 모두 집 없이 굶주리는 전 세계 수많은 이들을 돕는 데 유용하게 사용되고 있습니다.

답 : ③

* 티끌모아 태산

2 동물 우주 과학자들의 모임에서, 침팬지는 "우리는 달에 로켓을 보냈다. 그 로켓은 지구로 되돌아오는 긴 여행을 하기 전에 거기서 한 달을 머물렀어"라고 자랑스럽게 말했습니다. "그것은 별거 아니야"라고 여우가 말했습니다. "우리는 화성에 첫 식민지를 건설하기 위하여 이미 우주선을 보냈어." "우리는 너희 둘 모두보다 더 잘 할 수가 있어"라고

돼지가 말했습니다. "우리는 태양으로 직접 로켓트를 보낼 예정이야." 침팬지와 여우가 큰 소리로 웃으면서 말하기를, "어리석은 소리하지 마. 그 로켓은 거기에 도착하기도 전에 녹아버릴 거야." "아니야, 그렇지 않을 거야. 우리는 그 로켓을 밤에 올려 보낼 거니까"라고 돼지가 말했습니다.

답 : ⑤

* 가능성이 없는 이야기를 해학적으로 비꼬고 있습니다.

3 그들은 물, 식량, 장비를 실은 배를 준비합니다. 그러고 나서 바다로 나가 적당한 지역을 여행합니다. 그들은 자신들이 가지고 있는 옛 지도에 표시된 지역에서 수중 금속 탐지기를 가지고 작업을 시작합니다. 때로는 그들은 난파선의 위치를 찾지 못한 채 며칠을 보내기로 합니다. 그러던 어느 날 그들은 갑자기 그 금속 탐지기의 화면에서 무엇인가를 봅니다. 난파선이다! 즉시 그들은 배를 멈추고 난파선을 살펴보기 위해 내려갑니다. 때때로 그들은 금화로 가득 찬 오래된 상자나 은잔이나 보석을 발견합니다.

답 : 보물선 탐사대, 보물선을 탐사하는 사람들

* 이글의 힌트는 sunken ship, the wreck와 boxes full of gold coins or silver에 있습니다.

4 그 도시는 예전 같아 보이지 않았습니다.(didn't 때문에 해석 조심) 시내 중심지는 아침 일찍부터 변하기 시작했습니다. 자동차 동호회 회원들은 거리를 따라 행진하고 있었습니다. 주도로를 걸어가고 있던 사람들은 마치 타임머신을 타고 방금 도착한 것처럼 남녀 모두가 가죽 자킷을 입고 있었습니다. Shain공원에서 울려 퍼지는 음악은 소박했던 시절의 기억을 떠올려주었습니다. 어린애들은 그 도시에서 누가 가장 큰 비누방울을 불 수 있는지 보려고 다투고 있었습니다. 젊은이들은 공짜 점심을 먹기 위해 창의적으로 장식된 자전거를 자랑하고 있었습니다. 그중 일부는 패션 대회를 위해 옷을 잘 차려 입고 있었습니다.

답 : ⑤

* 축제를 하는 거리의 모습을 그리고 있는 글입니다.

5 한 어린 소녀는 강둑에서 낚싯대를 잡고 있는 동안 갑자기 뭔가를 느꼈고 낚싯대가 물음표처럼 휘는 것을 보았습니다. 힘센 고기가 그녀의 낚싯줄을 당길 때 그 소녀는 그것을 꼭 붙잡았습니다. 강둑에 있는 돌멩이들이 발밑으로 굴렀고, 그녀는 강으로 끌려 들어가고 있었습니다. 7살 난 이 소녀는 두려움으로 주위를 둘러보았지만, 아무도 보이지 않았습

니다. 그녀는 자신의 방향으로 고기를 끌어당기려고 열심히 노력했지만, 그 어린 소녀는 더 깊은 강으로 끌려 들어갔습니다. 그녀는 물고기 때문에 거의 익사할 지경이었습니다.

답 : 다급하다. 긴박하다. 위험하다

* 이 글의 힌트는 she was pulled deeper into the river. She was about to be drowned by the creature.

6 수학 시간이었습니다. 그날의 수업은 수를 세는 방법에 관한 것이었습니다. "좋아, 잭. 네가 셀 수 있나 보겠어"라고 선생님은 1학년 학생에게 말했습니다. 손을 내밀고 잭은 수를 세었습니다. "하나, 둘, 셋, 넷, 다섯." 선생님은 웃으며, "아주 잘 했습니다. 그런데 더 큰 수까지 셀 줄 아니?"라고 말했습니다. 잭은 모든 사람 앞에서 그것을 다시 하게 되어 매우 기뻤습니다. 그 소년은 손을 머리 위로 높이 올린 채, 목소리 하나 변하지 않고 똑같은 숫자들을 세었습니다. 잭이 세는 것을 끝내자, 선생님은 "아니야, 잭. 나는 여섯부터 계속 세어보란 뜻이었어"라고 말했습니다.

답 : ②

* 글의 힌트는 Lifting his hand high over his head와 continue counting from six에 있습니다.

7 빨리 반응하기는 쉽습니다. 여러분들은 그 반응을 순간적으로 압니다. 당신은 자신이 의도하지 않은 말을 합니다. 나중에 후회할 행동을 합니다. 그리고는 생각합니다. "내가 잠시 멈추어서 그것에 대해 생각해봤더라면, 결코 그런 식으로 반응하지는 않았을 텐데!" 만일 우리가 그 순간의 감정에 반응하는 대신에 우리의 가장 깊은 곳에 내재되어 있는 가치에 근거하여 행동한다면, 분명히 우리의 삶은 더 나아질 것입니다. 우리 모두에게는 우리에게 일어난 일과 그것에 대한 (우리의) 반응 사이에서 우리를 멈추게 만드는 '정지 단추'가 필요한 것입니다.

답 : ⑤

* 이글의 힌트는 글 전체에 있지만 if only I had stopped to think about it가 결정적입니다.

8 지난 25년 동안 귀하는 이 회사에서 높이 평가받고 존경받는 사원이었습니다. 귀하는 1979년에 우편실에서 시작한 이래로 이 회사에 대한 귀하의 공헌은 아주 귀중했습니다. 귀하의 노련함 때문에 귀하는 1992년에 사무국장으로 승진하게 되었습니다. 따라서 수년에 걸친 귀하의 공헌이 없었다면 우리들은 지금까지 성공했던 것만큼 성공하지 못했을 것

입니다. 모든 중역들을 대표하여 우리는 귀하의 건강을 빌고 열심히 일한 대가로 얻은 은퇴를 즐기시기를 바랍니다.

답 : ⑤

* 은퇴하는 주인공에 대한 감사의 글입니다.

9 국제 통화 기금(IMF)에 의하면, 아시아 국가들에 영향을 미치고 있는 경기 침체가 1999년 전반기까지는 회복되기 시작할 것이라 하였습니다. 그러나 IMF는 이들 국가들이 과거와 같은 경제적 고 성장률은 포기해야만 한다고 경고했습니다. IMF의 한 관계자는 1999년 하반기까지 어려운 경제는 현재의 경제적 곤란을 극복할 것이라고 말했습니다. 그는 IMF도 회복의 시기에 대해 정확히 말할 수 없을 것이라고 덧붙였습니다. 그에 따르자면, 그것은 경제적 문제를 다루는 각 나라의 정부가 얼마나 효율적인가에 달려 있다고 했습니다.

답 : 경기 회복 시기

* 글의 힌트는 앞부분에 있지만 the timing of a recovery도 힌트가 됩니다.

10 대학 시절의 나를 가르치셨던 가장 위대한 분의 묘소에 내가 서 있는 것은 바로, 제자이자 찬양자로서입니다. 그분의

지성은 현대 과학의 초기 연구에서 후기 업적에 이르는 길을 선도했습니다. 그분은 자신의 삶을 가장 사사로운 것까지 한 점의 멋진 예술 작품처럼 꾸미셨습니다. 그분은 변함없는 친절과 정의감으로 인해 참여하는 어떤 모임에서든 지도자가 되셨습니다. 모든 이들이 기꺼이 그분을 따랐고, 이는 그분이 결코 지배하려고 하는 것이 아니라, 단지 봉사하려 한다는 것을 모든 사람들이 느꼈기 때문입니다.

답 : ①

* 관계없는 단어를 찾아야 합니다. 예술품에 대한 단어는 없습니다.

6과

Basic Grammar Focus

1 ① The children are still at the cinema.

② I haven´t met your brother yet. / I haven´t yet met your brother. / I still haven´t met your brother.

③ Jim still works for the same company.

④ Has she phoned you yet?

⑤ The new law hasn't come into force yet. / The new law hasn't yet come into force. / The new law still hasn't come into force.

⑥ I've already had it, thanks. / I've had it already, thanks.

⑦ I haven't received an invitation to the party yet. / I haven't yet received an invitation to the party.

⑧ I have already received an invitation to the party. / I have received an invitation to the party already.

⑨ Have you finished eating yet? / Have you already finished eating? / Have you finished eating already?

⑩ Haven't you finished eating yet?

2 ① Since when have~ ② ~a week ago. ③ ~ seven months ago. ④ ~haven't seen her since (last week). ⑤ ~been home since 1987. ⑥ How long ago did~

3 ① till ② till ③ by ④ till ⑤ by ⑥ by ⑦ till

4 ① during/in ② during ③ during/in ④ during/in
⑤ during/in ⑥ for ⑦ during ⑧ during
⑨ during ⑩ during/in ⑪ during/in ⑫ for

5 ① much/any ② much/far/a lot
③ much/far/a lot ④ much/far
⑤ any/much ⑥ much/any ⑦ much
⑧ much/far ⑨ much/any ⑩ much/far/a lot

* much : 많이, far : 훨씬, a lot : 많이

any : (부정문에 사용하면) 아무도 ~아니다, 조금도 ~아니다

Intermediate Grammar Focus

1 ① very ② very much ③ too ④ very/too ⑤ too
⑥ very/very much ⑦ very much ⑧ very much
⑨ very much ⑩ very ⑪ too ⑫ too ⑬ very much
⑭ very much ⑮ very ⑯ too ⑰ very much ⑱ too
⑲ very ⑳ very much ㉑ very much ㉒ too much

㉓ very ㉔ very much ㉕ very ㉖ very ㉗ too

much ㉘ too much ㉙ too ㉚ too

* too : 게다가, 더욱이(긍정문)   too much : ~만큼의, (양) 정도의

   very : (일반적) 대단히,몹시   much : 비교급의 형용사, 부사에 쓰임

   very much : 과거분사가 명확한 수동으로 쓰일 경우

2 ① too ② too ③ either ④ too ⑤ either

Advanced Grammar Focus

1 ① This week ② yet ③ still ④ already

   ⑤ Yesterday ⑥ immediately ⑦ Then

2 ① ago ② For ③ since ④ during ⑤ since

   ⑥ till ⑦ by ⑧ till ⑨ by ⑩ during ⑪ for ⑫ till

Power Reading and writing

1 19세기 후반 이후로 과학과 기술은 대단히 많이 변했습니다.
세상도 역시 변했습니다. 세상은 더 복잡해졌고 점점 더 전

문화되어가고 있었습니다. 알아야 할 것이 모든 분야에서 훨씬 더 많습니다. 이제 전문 교육이 필요한 사람은 과학자나 컴퓨터 전문가만이 아니라, 정부 관리와 회사 경영자도 마찬가지입니다. 더욱이, 대학 졸업자의 수가 급격히 늘어나서 일자리를 얻기 위한 경쟁이 과거보다 훨씬 더 심해졌습니다. 최고의 자격을 갖춘 사람, 즉 전문가만이 승리를 하게 됩니다.

답 : ④

* increasingly specialized와 expert 가 이 글의 힌트입니다.

2 사람들은 의학 발전에 행복해합니다. 그 후에 계속 증가하는 출생 수에 대해서는 염려합니다. 과학자들은 농화학 분야에서 커다란 진보를 이루어, 식량 공급을 크게 증가시켰습니다. 그 후에 우리의 강은 너무 오염되어 수영조차 할 수 없습니다. 우리는 공중 수송(비행 수송)의 발전에 행복해하고 거대한 비행기로 인해 감동 받습니다. 그 후에 비행기의 추락이나 공중전의 두려움에 놀라고 맙니다. 우리는 드디어 우주에 진입할 수 있다는 사실에 흥분합니다. 그러나 우리는 의심할 여지없이 거기에서도 다른 또 한 면을 보게 될 것입니다.

답 : 과학 발전의 양면성(과학발전의 이점과 단점)

3 겨울 동안 숲에 눈이 높게 쌓이면, 동물들에게는 이점과 문제점이 함께 발생합니다. 토끼의 경우, 높게 쌓인 눈은 먹이를 제공해줄 수 있습니다. 토끼는 어린 나무의 겨울 새순을 먹기 때문에 더 높게 쌓여 얼음 같이 굳어진 눈은 토끼가 더 많은 순에 닿도록 도와줍니다. 게다가 때때로 눈의 무게는 일부의 나무들이 땅으로 휘어지게 합니다. 이것은 토끼가 부드러운 꼭대기에 더 쉽게 닿도록 해줌을 의미합니다. 반면에 이런 상황은 사슴에게는 정반대입니다.

답 : ⑤

* the situation is the opposite for deer가 이 글의 힌트입니다. 이 문장 다음에는 사슴에게 불리한 상황의 예를 들 것입니다.

4 예술의 형태는 그 어느 것이나 모든 사람들에게 유익합니다. 사람들은 예술을 느끼고, 즐기며, 경험합니다. 예술을 감상함으로써 사람들은 다른 사람들과 세상에 대해 더 행복한 느낌을 갖게 되고, 더 깊이 이해하게 됩니다. 예술은 우리의 영혼을 풍요롭게 해줍니다. 예를 들어, 글이나 시를 읽음으로써

우리는 자신의 상황에 대해 잘 이해하게 되고 향상시킬 수 있습니다. 다시 말해, 예술은 우리 인간의 영혼을 끌어올리는 창조 행위입니다. 예술로 인해 우리의 삶은 훨씬 나아집니다. 화가, 작가, 음악가, 이 모든 예술가들은 모든 사람들의 보다 윤택한 삶을 위해 기여하고 있는 것입니다.

답 : Art for a Better Life 또는 Our lives are better.

* 짧지만 좋은 글입니다. 외어둘 만한 문장들입니다.

5 경쟁이란 여러 면에서 발전의 중요한 한 부분입니다. 개인적인 수준에서 경쟁은 우리에게 가능한, 최상의 개인일 수 있도록 해줍니다. 예를 들어, 스포츠에서 다른 사람들과 경쟁함으로써, 우리는 운동 능력의 수준을 향상시킬 수 있습니다. 사업에서 경쟁은 회사로 하여금 생존을 보장해주는 새로운 아이디어를 개발하도록 함으로써 시장을 조정합니다. 산업에서 기업들은 항상 다른 회사의 제품보다 한 걸음 더 나은 제품을 개발하려고 노력하고 있습니다. 성공적으로 경쟁하지 못하는 사람들에게, 바로 이런 생존은 의문이 될 수 있습니다.

답 : ⑤

* 경쟁의 장점을 나열한 글입니다.(Competition is an important part of development가 이글의 힌트)

6 군비 경쟁을 통해서 안전을 확보한다는 생각은 잘못된 믿음입니다. 그것은 미국이 2차 세계대전에서 이기기 위해 원자폭탄을 처음으로 만들어 사용한 사실로부터 나온 것입니다. 어떤 사람들은 아직도 힘을 과시함으로써 안보를 보장받을 수 있다고 믿고 있습니다. 그러나 군비 증강은 비용이 많이 들며, 종종 더 큰 파괴를 초래합니다. 모든 것이 파괴된다면 안보가 무슨 소용이 있겠습니까? 그러므로, 대량 파괴라는 수단을 통해서 안보를 추구하는 대신에 너무 늦기 전에 전 세계의 상호 이해와 협동을 통해서 그것을 달성해야 합니다.

답 : 서로 이해하고 협력하자

(전 세계의 상호이해와 협동=Global understanding and cooperation)

7 Nepal 정부는 그 문제를 해결하려고 애쓰고 있습니다. 이제 여러분들은 Nepal 정부의 특별허가가 없이는 에베레스트 산을 올라갈 수 없습니다. 1993년 5월에 그들은 미국팀의 에베레스트 등정을 허용했지만 그들의 하산길에 쓰레기를 되가져올 것을 요구했습니다. 그 팀은 산의 가장 높은 능선에서 2,850킬로그램의 쓰레기를 가지고 내려왔습니다. 그 속에는 식품 용기, 빈 산소 통, 낡은 등산 장비가 있었습니다. 이것은 에베레스트산에서 모든 쓰레기를 치우고자 하는 계

획의 시작이었습니다.

답 : ⑤

8 저는 "그렇게 하지 않으셨어도 되는데"라고 말하지는 않겠습니다. 왜냐하면 그것은 진부한 표현이기 때문입니다. (대신에) 저는 당신이 너무 사려 깊어서, 비록 당신의 사려 깊음에 익숙하지만, 당신이 우리를 놀라게 했다고 말하겠습니다. 가족 구성원 모두가 당신 선물에 매우 기뻐하고 있습니다. 우리 모두 감사드리며, 각자 당신께 편지를 쓰고 있습니다. 특히 환상적인 반지에 대하여 제가 감사를 표합니다. 제가 그 반지를 낄 때마다 당신이 생각날 것입니다. 전 당신께 자주 그것을 끼겠다고 약속합니다.

답 : 감사

9 나는 한 사무실에서 다른 몇몇 비서들과 함께 일을 하고 있습니다. 우리들 대부분은 유능하고 근면하며 서로 편안하게 지내고 있습니다. 그러나 우리 중 한 명은 거의 늘 늦게 출근하며, 출근해서도 신문을 보거나 여러 차례 개인적인 전

화를 합니다. 우리들 중 몇몇은 그녀의 이런 좋지 않은 행동으로 괴롭힘을 당하고 있습니다. 그러나 우리의 업무 관계를 다치게 하고 싶지 않아 아무도 사장에게 그녀에 관한 어떤 얘기도 하길 원하지 않습니다. 우리는 정말 지도를 바랍니다. 왜냐하면 상황은 곧 참아낼 수 없을 만큼 어려워질 것이기 때문입니다.

답 : ③

* things will soon become too difficult to stand가 이 글의 힌트지만 전반적으로 글 중반부터 마음의 답답함을 썼습니다.

10 지난주에 나는 한 친구의 집에 있었는데, 모두가 서로 다른 컴퓨터 게임을 하고 싶어 했습니다. (C) 이와 같은 상황에서, 내가 훨씬 더 어렸을 때에는 화를 내곤 했었습니다. (A) 그러나 아버지께서 최근에 해주신 충고에 따라, 우리는 게임의 이름을 적어서 모자에 담았습니다. (B) 그 방식에 대해 어느 누구도 공평하지 않다고 말할 수 없었고, 우리는 함께 즐거운 시간을 보냈습니다.

답 : ③

* C의 situations, A의 advice, B의 that way 가 이 글의 힌트입니다.

Basic Grammar Focus

1 ① walked ② ate ③ invited ④ studied ⑤ bought

2 ① am, going, to, study ② will, be

　　③ is, going, to, do ④ won't, cook

3 ① I'll come to your house about six.

　　② When are you going to visit America?

　　③ has had no time to

　　④ She's been here twice.

　　⑤ How long has Lucy been

4 ① has, lived, for ② has, gone ③ has, been, since

Intermediate Grammar Focus

1 ① a ② b ③ e ④ c ⑤ d

2 ① to, me ② for, him ③ was, Sam

④ has, two, libraries ⑤ It, to, read, books

Advanced Grammar Focus

1 ① hurted ➡ hurt

② rose ➡ have risen

③ was ➡ had been

④ surprised ➡ was surprised

⑤ forget ➡ forgotten

⑥ drowned ➡ was drowned

⑦ by ➡ to, by ➡ for

⑧ concern ➡ are concerned

⑨ catch ➡ have caught

⑩ have spoken ➡ speak

⑪ am knowing ➝ know

⑫ did not help ➝ had not helped

⑬ have shocked ➝ shock

⑭ will ➝ would

⑮ spent ➝ had spent

⑯ confuses ➝ confuse

⑰ getting ➝ making, know ➝ knew

⑱ it rains ➝ it will rain, it will rain ➝ it rains

Power Reading and writing

1 1) a   2) ago   3) d   4) d

2 나의 어머니는 4년간의 전쟁 동안 아버지를 보지 못했습니다. 내 마음속에 아버지는 키가 크고 피부가 검은 잘생긴 분으로서, 나는 아버지의 사랑을 몹시 받고 싶어 했습니다. 아버지에게 학교와 성적에 대해 이야기해야 할 것들을 생각하면, 난 기다릴 수가 없었습니다. 마침내 차가 멈추었고 턱수염을 기른 덩치 큰 사람이 뛰어내렸습니다. 아버지가 현관

문에 이르기도 전에 어머니와 나는 소리를 지르며 달려나갔습니다. 어머니는 아버지를 얼싸안았고, 아버지는 나를 안아서 땅에서 번쩍 들어올렸습니다.

답 : ③

* 평이한 문장으로 이루어져 있는 글입니다.

3 괴테는 그의 아내에게 "나는 <u>이 음악가</u>보다 더 집중력이 뛰어난 예술가를 이제까지 만난 적이 없어"라고 말했습니다. 그의 인생은 그의 음악만큼이나 파란만장했습니다. 그는 독학을 했고 셰익스피어와 고전을 폭넓게 읽었으나, 수학은 잘 못했습니다. 그는 자신의 작업에 몰두할 때는 그 밖의 모든 것들은 모른 체했습니다. 그는 비록 아름다운 음악을 많이 작곡했지만, 옷차림만은 형편없었고, 방 청소도 거의 하지 않았습니다. 그는 비엔나에서 35년을 사는 동안, 40번가량을 이사했습니다.

답 : ⑤

* he dressed badly 가 이 글의 힌트입니다.

4 18세기 후반 영국에서는 인구 성장과 기술의 발달이 동시에 일어났으며 이는 상호 보완적이었습니다. 늘어나는 인구로

식량 수요가 늘어났고, 농업에 더 많은 돈이 들었습니다. 산업화는 부를 증대시켰고, 연이어 더 많은 옷감과 다른 상품을 만들게 했습니다. 그래서 더 많은 수요는 더 많은 공급으로 충족되었고, 사람들이 더 많아질지라도 더 낮은 생활수준을 의미하지 않았습니다. 그러나 20세기에는 아래에 제시된 것처럼, 그것이 더 이상 사실이 아니었습니다.

답 : ②

* 더 이상 사실이 아니라고 했으므로 현대는 그렇지 않다는 부정적인 글과 그에 대한 어떤 처방의 글이 와야 합니다. population growth and technological advances, in the twentieth century, however, that is no longer true가 이 글의 힌트입니다.

5 시민 단체가 더 나은 사회를 만들기 위해 노력할 때 사회적 변화는 일어납니다. 오늘날 그런 단체들은 한때 정부가 수행하였던 많은 과제들을 수행할 수 있습니다. 소위 이러한 비정부기구(NGO)는 사회적 봉사를 수행합니다. 그들은 법률에서 의료 활동에 이르기까지 다양한 분야에서 활동하고 있습니다. 그들은 정부가 국내에서나 국외에서 하는 일을 관찰하고 영향력을 행사합니다. 게다가 그들은 종종 정부보다 일을 더 잘 합니다. 이는 그들이 온갖 종류의 직업을 지

닌 사람들을 활용할 수 있기 때문입니다.

답 : 비정부기구의 역할(비정부기구의 봉사)

6 Hartley 호텔의 회장이신 Jeffrey Newell 씨께서 국제 관광 산업을 발전시킬 방안들을 모색하기 위해 지역 사업가들에게 연설을 하러 이번 주에 오실 겁니다. 11월 20일 Newell 씨께서 Grand 호텔에서 열릴 제2차 국제 관광 사업 회의에서 특별 초청 연사로 나오실 예정입니다. 그는 '국제 관광 사업에 관해 인식 넓히기' 라는 주제로 오후 8시, Rose홀에서 한 시간 동안 말씀하실 겁니다. 이어서 30분간의 질의응답이 있을 예정입니다. 더 많은 정보를 알고자 하시면 432−7658로 전화해주십시오.

답 : 안내문

[*] 평이한 문장으로 구성된 글입니다.

7 그들은 때때로 대형 백화점에서 일하면서 그 백화점의 최신 패션 그림을 그립니다. 그들은 드레스가 가장 매력적으로 보이는 분위기와 환경으로 모델의 드레스를 그려야만 합니다. 그들은 종종 광고 대행사에서도 일하는데, 그곳에서 그들은 인상적인 그림과 세련된 디자인을 만들어냅니다. 이런

식으로, 그들은 대중의 관심을 끌고 멋진 조명 아래에서 광고될 상품을 보여줍니다. 신문은 그들의 예술 작품 중 많은 샘플을 싣습니다. 사실, 이러한 본보기는 우리 주위에 얼마든지 많이 있습니다.

답 : ②

* tasteful designs가 힌트입니다.

8 침실은 나무로 만들어졌기 때문에 나무 냄새가 났습니다. 아침 일찍 젖은 숲의 상쾌한 냄새가 장막을 통해 들어왔습니다. 캠프의 벽은 얇았으므로, 난 일어났을 때 다른 사람들을 깨우지 않도록 살며시 옷을 입었습니다. 나는 조용히 향기로운 실외로 나가 배를 타고 해변을 따라 출발했습니다. 호수는 키 큰 나무들의 긴 그림자 속에서 서늘하고 잔잔했습니다. 아무것도 그 호수의 고요함을 방해하지 않았습니다.

답 : ③

* Nothing disturbed the stillness of the lake가 이 글의 힌트입니다.

9 대부분의 다른 소년들처럼 John Palmer도 축구와 시끄러운 음악을 좋아했습니다. 그러나 그가 가장 좋아했던 것은 영화를 보러가는 것이었습니다. 그는 모든 영화배우들 중

에서 Jane Brightman이 가장 아름답다고 생각했습니다. 그의 16번째 생일을 위해서 그의 부모님은 Jane Brightman의 새 영화인 〈Last Friday Night〉의 시사회 표를 사주셨습니다. John은 기분이 아주 좋았습니다. 그가 Jane Brightman의 바로 옆자리에 앉게 될 거라는 사실을 알았을 때 그는 기뻐서 거의 기절할 뻔했습니다.

답 : 기분이 아주 좋았습니다.

10 어떤 소녀가 할아버지를 위해 선물 세트를 사려고 했습니다. 그녀는 계산대 뒤의 선반 높은 곳에서 그녀가 사고 싶어 했던 꿀 상자를 보았습니다. "저 꿀 선물 세트 좀 볼 수 있을까요?"라고 그녀가 점원에게 물었습니다.

점원은 사다리를 가져다가 중간쯤까지 올라갔습니다.

"얼마예요?"라고 소녀가 물었습니다.

점원은 가격표를 올려다보면서 "5만원입니다"라고 대답했습니다.

소녀는 지갑을 뒤져서 있는 돈을 세어보았습니다. 돈이 충분하지 않았습니다. 소녀는 가격을 깎기를 원했습니다.

"조금 깎아주실 수 있을까요?"라고 소녀가 물었습니다.

"걱정하지 마세요. 꿀을 잡자마자 곧 내려갈 테니"라고 점원이 말했습니다.

답 : ③

* 서로의 말을 다르게 이해하는 표현입니다. come down a bit와 come straight down 이 이 문제의 힌트입니다.

Basic Grammar Focus

1 ① Do, have   ② must, not   ③ Shall, we
④ wasn´t, able   ⑤ will, you

2 ① don´t, have, to   ② should
③ nothing, to   ④ little, time   ⑤ No, are

3 ① I thought she would be late for school.
② would, like   ③ nothing, about, it

④ should, say, to, her   ⑤ don't, have, to

Intermediate Grammar Focus

1 ① must have been   ② can't/couldn't have been

③ had to be   ④ have to be

⑤ didn't have to   ⑥ didn't have to

⑦ must have been   ⑧ must have been

⑨ can't have been   ⑩ had to be

2 ① (Yes,) she may (do).   ② She might live in London.

③ (Yes,) he could have (done).   ④ He might have

caught the 8:30.   ⑤ (Yes,) they might be.   ⑥ They

might be living abroad.   ⑦ (Yes,) he may have

(done).   ⑧ He could have finished work at 4:30.

⑨ (Yes,) I could (do).   ⑩ I may leave tomorrow.

Advanced Grammar Focus

1 ① May / Can ② must be ③ am ④ must have
⑤ couldn't ⑥ can't ⑦ must / can ⑧ have had to
⑨ haven't been able to ⑩ can / may

2 ① was ② was ③ used to find / would find
④ loved / used to love ⑤ never accepted / would
never accept / never used to accept
⑥ will always find ⑦ would (used to) say
⑧ used to (would) say ⑨ would always be / was
always / always used to be ⑩ often used to
visit / often visited ⑪ never used to tire / never
tired ⑫ would say / said

Power Reading and writing

1 1) No, I haven't 2) nothing
3) 우리들은 모든 것을 연구하고 검증할 수가 없다.

4) 이제까지 지구가 움직이는 것을 본 사람은 아무도 없습니다.   5) 지구가 움직인다고 하는 말(지구가 태양의 둘레를 돈다는 말) – The earth goes round the sun.

2 1) sell, writer, man, two   2) a   3) 나는 이 편지로 많은 돈을 벌 수 있을지도 모른다.   4) No one will want to buy the letter.   5) A famous writer.

3 그러나 깨끗한 공기가 유일한 이유는 아닙니다. 사람들은 야생화와 나무들 냄새가 나는 한가운데에 천막을 칠 수 있습니다. 그들은 세상의 일상적인 걱정거리를 완전히 잊은 채, 산 속에 홀로 있는 것을 즐길 수 있습니다. 때때로 나무와 작은 동물들의 즐거운 소리를 즐기면서 그들 자신들끼리 완전히 자유롭게 대화를 나눌 수 있습니다. 이제는 자신들의 마음의 평화를 방해하는 시끄러운 군중에게 괴롭힘을 당할 필요가 없습니다. 이것이 사람들이 산을 찾고 싶어 하는 또 다른 이유입니다.

답 : ①

* These are other reasons why people like to go to the mountains가 이 문제의 힌트입니다.

4 MSF는 1971년으로 거슬러 올라가 B. Kouchner를 포함하는 소규모의 프랑스 의사 단체에 의해 시작되었습니다. 수년에 걸쳐서 전 세계의 많은 의사들이 그 단체에 참여했습니다. 그 모임은 굶주리고 아픈 사람들을 돕는 일로 곧 알려지게 되었습니다. 그들은 의사의 도움을 필요로 하는 사람들이라면, 어디에 살든 의학적 배려를 받을 권리가 있다고 굳게 믿고 있었습니다. 그들은 이러한 도움을 주기 위해서 때때로 자신들의 생명을 걸기도 했습니다. 그 단체는 설립 이후 몇몇 대륙에서 행한 업적으로 인해 1999년 노벨 평화상을 받았습니다.

답 : ③

* 평이한 문제입니다. small group, around world, helping the ill, won the 1999 Nobel Peace Prize가 문제의 힌트입니다.

5 염소는 잡초 먹는 것을 좋아합니다. 사실 염소는 잔디보다 잡초를 더 좋아합니다. 그래서 염소는 화학 약품을 사용하지 않으면서 잡초를 억제하는 데 매우 유용합니다. 염소의 소화 기관은 양이나 소의 소화 기관과는 다릅니다. 잡초 씨는 염소의 몸을 빠져나올 수 없으므로 새로운 잡초가 자라나지 않습니다. 농부들은 화학 약품이 야생 동물이나 심지어 개와 같은 애완동물들을 죽일 수 있기 때문에 잡초를 다루는 데 화학제

품을 사용하는 것을 좋아하지 않습니다. Montana의 한 회사는 잡초를 먹어 치우기 위해 염소를 대여해주기조차 합니다.

답 : A New Way to Control Weeds. 또는 Let′s raise goats for controlling weeds.

* 평이한 문장이라서 제목을 쓰는 것은 쉽죠?

6 우리는 흔히 많은 것을 성취한 사람들은 일을 집까지 가져와 잠자기 전까지 열심히 일하는 사람들이란 이야기를 듣습니다. 그러나 Garfield가 주요 산업의 고위직 사람들을 인터뷰했을 때, 그들은 어떻게 휴식하는지를 알고 있으며, 일거리를 사무실에 남겨둘 수 있다는 사실을 발견했습니다. 그들은 또한 자신들의 가족, 친구들과 함께 건강에 좋을 만큼의 시간을 보냈습니다. 성공한 사람들은 기꺼이 열심히 일하려고 하지만, 엄격한 한계 내에 있습니다. 그들에게는 일이 전부가 아닙니다. 여러분들은 항상 열심히 일하려고 합니까?

답 : ③

* could leave their work at the office, Work is not everything 이 이 문제의 힌트입니다.

7 친구 2명이 내 방에 앉아 있다고 가정합시다. 한 친구는 키

가 165cm이고 다른 한 친구는 175cm입니다. 둘 중 누가 여자이고, 누가 남자라고 생각하십니까? 다른 정보가 없다면, 여러분들은 아마도 키가 작은 친구가 여자이고 키가 큰 친구가 남자라고 결론을 내릴 것입니다. 이런 결론은 어디로부터 나옵니까? 여러분들의 경험은 남자는 여자보다 키가 큰 경향이 있다는 것을 말해줍니다. 그러므로 여러분들이 알고 있는 특정한 남녀로부터, 여러분들은 남녀에 관한 결론을 대체로 이끌어냅니다. 이런 식으로 여러분들이 하는 매일 매일의 많은 판단과 추측은 여러분들의 경험에 달려 있습니다.

답 : ④

* judgements and guesses depend on your experience가 이 문제의 힌트입니다.

8 교향악단은 건물 전체를 음악으로 채울 수도 있고 음악으로 울리게 할 수도 있습니다. 그러나 즐겁게도 슬프게도, 흥분되게도 또는 긴장을 풀어주게도 할 수 있는 이 아름다운 소리는 계획하고 함께 작업한 결과입니다. 화가가 자기들의 예술 작품을 위해 다른 색을 선택하듯이, 작곡가는 그들의 음악을 만들어내기 위해서 서로 다른 악기의 소리를 선택합니다. 교향악단의 목표는 각각 악기별로 연주하는 것이 아

닙니다. '교향곡(symphony)'이란 단어는 '서로 함께 소리 내는 것'을 의미합니다. 함께 소리 내는 것이란 우리 모두가 사랑하는 훌륭한 음악을 만들어내는 것입니다.

답 : ⑤

* 이 문제의 힌트는 The word "symphony" means "sounding together."

9 한 성인(사람)으로 성장함으로써 새로운 장소에 갈 수도 있고 새로운 도전에 부딪칠 수도 있습니다. 이것들이 스트레스를 줄 수도 있지만, 스트레스를 느끼는 것은 약함을 깨닫고 새로운 행동을 시도하기 위해 자연스럽고도 필요한 부분입니다. 흔히 현재의 방식대로 머무는 것이 편안하고 쉬운 일입니다. 이전의 편안함과 습관을 포기하는 것은 매우 어렵습니다. 그러므로 사람들이 변하는 것을 싫어하는 것은 이상한 일이 아닙니다. 그러나 변화하려는 노력이 자주 우리 삶에서의 진보와 성장을 이끈다는 것을 기억할 필요가 있습니다.

답 : 부단한 변화를 시도하라.

* 이 글의 힌트는 글의 끝부분 efforts to change lead frequently to important improvement and growth in our lives입니다.

10 김선달은 다시 돈이 필요했습니다. 그는 더 이상 팔 물건이 없었는데, 어떻게 돈을 벌 수 있었을까? 이것이 수자원이 주의 깊게 관리되어야 하는 이유입니다. 그는 대단한 생각을 가지고 있었습니다. 그는 대동강 그룹이라는 자신만의 온라인 회사를 설립하였습니다. 곧 모든 양반 귀족들이 주식을 구입하였고, 김선달은 부자가 되었습니다.

답 : ②

* 갑자기 수자원이란 글이 나온 것은 황당합니다. 그러니까 이 문장이 관계없는 문장입니다.

부록

[1~2]

(A) 어느 날 Tom은 학교에서 집으로 오는 도중 우연히 Mary 를 만났습니다. 그녀는 우울해 보였습니다. Tom은 Mary 가 다음 주에 있을 수학 시험을 걱정하고 있는 것을 알았습니다. 그녀는 수학 과목을 좋아했지만, 시험에 대한 준비가

잘 되어 있지는 않았습니다. Tom은 그녀에게 용기를 북돋 아주었습니다. 그리고 Mary는 Tom에게 고마워했습니다.

(B) Tom : 안색이 안 좋아 보이는구나. 무슨 일이 있니, Mary?

Mary : 난 좀 걱정이 돼서 그래.

Tom : 무엇이 걱정되는데?

Mary : 수학 시험이 있어. (1) _____

Tom : (2) _____, Mary.

Mary : 정말 고마워.

[*] 1번은 다음 주에 있는 수학 시험에 제대로 준비가 되어 있지 않아 걱 정하는 내용이 들어가야 해요. 즉 Mary가 수학과목을 싫어한 것은 아 닙니다. She liked the course 그래서 답은 ⑤

2번은 문법적인 문제입니다. ③번의 discouraging이 discouraged로 바 뀌어야 합니다.

1 ⑤

2 ③

[3~4]

(A) Tony 가족의 차는 진흙으로 덮여 있습니다. 어머니는 그에 게 세차를 하라고 여러 번 말했습니다. 그러나 그는 장마철

이기 때문에 세차를 해도 소용없다고 고집을 피웁니다. 그의 가족이 Expo 여행을 갈 때 어머니는 Tony에게 내일 돌아올 것이므로 여행에 같이 갈 필요가 없다고 말합니다.

(B) 어머니 : 오, 이런, 차 좀 봐라. 네게 몇 번이나 말해야 되니?

　　　Tony 　: 알아요, 하지만 장마철이라 거의 하루 걸러 비가 오잖아요. (1)곧 다시 더러워질 거예요.

　　　어머니 : 무슨 말인지 알겠어. 그럼 난 너를 Expo 여행에 데려갈 수 없어.

　　　Tony 　: 엄마, 전 꼭 가고 싶어요.

　　　어머니 : (2)넌 갈 필요 없어. 우린 내일 돌아올 거야. 그러니 넌 집에 있는 게 좋겠어.

3 ⑤

4 ④

5 A : 정말로 마음에 드는 영화지, 그렇지 않니?

　　B : 너는 그렇게 생각하니? 난 지루했어.

　　답 : ②

6 존　：생일 축하해, 메리.

　메리：고마워, 네가 와줘서 기뻐.

　존　：초대해줘서 고마워.

　메리：＿＿＿＿＿＿＿＿＿＿＿

　답：⑤

7 고객：실례합니다.

　점원：예. 무엇을 도와드릴까요?

　고객：필름 좀 현상하려고 하는데요.

　점원：예. (　　　　　　　)

　답：④

8 (A) 잭의 차례였지만, 그의 룸메이트인 아더가 요리를 해야
만 했다. (그러나) 스테이크가 타버렸기 때문에 그들은 밖으
로 저녁을 먹으러 나갔다. 식사 후에, 아더는 잭이 돈을 내
길 바랬지만 잭은 농담으로 아더가 그 사고에 책임이 있으
므로 자신이 낼 수 없다고 말했다. 그러나 아더는 잭을 위해
비싼 생일 선물을 샀기 때문에 돈이 없었다.

(B) 잭　：자, 계산서 집어 가, 아더.

아더 : 네가 내야 한다고 생각하지 않니?

잭 : 뭐라고? 네가 스테이크를 태워버렸잖아.

아더 : 그게 사실이지만, 난 거의 무일푼이고 봉급을 타려면 멀었어.

잭 : 그건 너의 문제야.

아더 : _____

답 : ②

[9~10]

(A)

선생님 : 여러분들은 대도시의 교통난을 해소할 가장 좋은 방법이 무엇이라 생각하나요?

Tom : 세상의 차를 모두 없애야 합니다. 우리 모두 자동차보다 자전거를 이용해야 합니다. 그러면 공기 오염에 대해 걱정할 필요가 없을 것이며, 저는 그것이 최상의 방법일 거라고 확신합니다.

선생님 : 말하고자 하는 바는 알겠어요. 하지만 그것은 너무도 극단적 접근이 아닐까요? 그렇게 생각하지

않아요, Tom?

Tom : 글쎄요, 전 그게 가능하다고 생각하는데요. 사실 저는 매일 자전거를 타고 학교에 갑니다. 그것이 제가 건강한 이유이기도 하죠.

선생님 : 좋습니다. 저는 자전거를 사용하는 것에 대해 반대하지는 않습니다. 실제로 나는 그것에 전적으로 찬성합니다. 그럼에도 여전히 Tom의 생각은 불가능한 것이란 생각이 듭니다. 제가 말하려는 것은 모든 사람들이 학교나 일터에 자전거를 타고 가는 것을 기대할 수 없다는 것입니다.

Mary : 제 생각으로는, 그 주원인은 대도시에 너무도 많은 사람이 산다는 것입니다. 우리가 지금 어떠한 조치를 취하지 않는다면 교통 혼잡은 더욱 더 악화될 것입니다. 실천보다 말이 쉽다는 것을 알고 있습니다. 그러나 적어도 실천 가능한 해결안을 모색해야만 합니다.

선생님 : 핵심을 잘 짚었군요. 저 역시 대도시에 너무 많은 사람이 있다고 생각합니다. 너무 늦기 전에 과감한 조치를 취해야 한다고 전 굳게 믿고 있습니다. 간단한 해결책은 있을 수 없습니다.

(B)

선생님은 학생들에게 교통난 해소에 대해 질문한다.

선생님은 모든 자동차를 없애야 한다는 Tom의 의견에

찬성하지 않는다.

선생님은 인구가 많은 것이 교통 혼잡의 주된 원인이라는

Mary의 의견에 찬성한다.

9 ④

10 ⑤

11 ① c ② a ③ b

12 모퉁이에 있는 가게에서 5달러만 냈는데도 10달러에 대한

거스름돈을 여러분들에게 준다면, 여러분들은 그 돈을 돌

려주시겠습니까?

Tony : 우리는 우리가 얻을 수 있는 것을 가져야만 합니다.

다른 사람들도 모두 그렇게 합니다. 저는 그 돈을 갖

겠습니다.

Chris : 저는 어느 누구의 돈도 가져가고 싶지 않습니다. 그
러므로 대답은 '예'입니다. 저는 그 돈을 그 모퉁이
가게에 돌려줄 것입니다.

Judy : 저는 저희 회사에서 꽤 중요한 사람이므로, 정직하
게 보여야만 합니다. 저는 그 돈을 되돌려주지 않는
모험을 할 수는 없습니다.

답 : ④

13 Ann : 처음에 어떻게 비행에 관심을 가지게 되었습니까?

Ted : 어릴 때 저희 집에서 멀지 않은 곳에 공항이 하나 있
었습니다. 저는 매일 비행기가 하늘로 이륙하는 것
을 보았죠. 이 쇠로 만들어진 경이로운 새에 대해 오
랫동안 궁금하게 여겼죠. 그러던 어느 날, 저는 공학
을 포기하고 비행사가 되기로 결심한 겁니다.

Ann : 비행은 어려웠나요?

Ted : 당신도 아시다시피, 사람은 날기 위해 태어난 것은
아니죠. 이륙에서 착륙에 이르기까지 우리 조종사
들은 우리 환경과 다른 환경에 처해 있고, 따라서 항
상 매우 신중해야 합니다. 우리가 비로소 마음을 놓
을 수 있는 것은 바로 착륙했을 때뿐이거든요. 그리

고 가끔 비행은 12시간이나 13시간이 걸리기도 한
답니다.

답 : ⑤

14 Dan : 다이빙을 시작하게 된 동기를 말씀해주세요.

Kay : 예, 부모님이 돌아가시고 나서, 나는 조부모님과 함께
살았습니다. 할아버지는 다이빙 코치였고 그 분은 나
를 격려해 주셨습니다. 다이빙은 내가 언제나 하고 싶
어하던 것이었습니다. 할아버지는 내가 필요할 때는
언제나 거기에 계셨습니다.

Dan : 유명한 다이빙 선수에게 가장 힘든 부분은 무엇입니까?

Kay : 음, 겸손한 것이라고 말씀드리고 싶습니다. 누구나 언
제든지, "당신은 대단하십니다"라고 말하고, 그들의
말을 믿게 되는 것은 쉽습니다. 그러나 곳곳에 수많은
위대한 다이빙 선수들이 있습니다. 그러므로 내 다이
빙 실력을 높이려면 꾸준히 연습을 해야만 합니다.

a. 부모님께서는 왜 다이빙을 하도록 격려하셨나요?
b. 다이빙을 시작하게 된 동기를 말씀해주세요.
c. 다이빙 선수가 된 것에 후회해보신 적이 있는지

궁금합니다.

d. 유명한 다이빙 선수에게 가장 힘든 부분은 무엇
입니까?

답 : ②

15 기 자 : 당신은 어디에서 아이디어를 얻습니까?

Mr. Lee : 내가 자랄 때는 작은 마을에서 할 수 있는 일이 많
지 않았습니다. 그래서 나는 내 주변의 사람들을 관
찰했습니다. 나는 그들의 이야기를 들었으며, 그들
의 소박한 삶에서 보편적인 진리를 보았습니다. 이
것들이 내 작품의 주요한 주제와 제재가 되었습니
다. 나는 이 모든 것을 나의 독자들과 함께 나눈 것
을 기쁘게 생각합니다.

기 자 : 당신은 언제 처음으로 글쓰기의 기쁨을 발견했습
니까?

Mr. Lee : 나의 어머니는 예술을 사랑했습니다. 그녀는 오르
간 연주와 시 쓰기를 즐겼습니다. 내가 다섯 살이었
을 때, 그녀는 나에게 공책 한 권을 주셨고, 나는 나
의 상상과 꿈을 그 종이 위에 쏟아 부었습니다. 나

는 내가 쓴 것을 어머니에게 읽어주곤 했습니다. 그
것이 어머니를 즐겁게 했고, 나는 자랑스럽게 느꼈
습니다. 난 아직도 그 공책을 가지고 있습니다.

답 : ②

16 A : 실례합니다. Bob Scott씨 댁이 어디죠?

B : Bob Scott씨 댁 말씀하시는 건가요? 왼쪽에서 세 번째
집입니다.

답 : ②

17 John : 오늘 오후에 뭐 할 거야?

Mary : 글쎄, 특별한 거 없는데.

John : 테니스 치는 게 어때?

Mary : _____

답 : ①

18 (A)

메리는 옷가게로 간다. 그녀는 정말로 마음에 들어 사고 싶
은 옷을 찾았다. 그러나 돈이 충분하지 못하다.

(B)

점원 : 무얼 도와드릴까요?

메리 : 예, 옷을 좀 보고 싶은데요.

점원 : 이리로 오세요.

메리 : 이 옷 정말 아름다워요. 이것을 사겠어요. 얼마죠?

점원 : 50달러예요. 지금은 세일 중이에요.

메리 : _____

답 : ⑤

여러분은 이제 영문법의 기본을 모두 끝냈습니다. 무슨 일이든지 마침표를 찍는다는 것은 여간 어려운 일이 아니죠? 특히 영어 책 한 권을 끝낸다는 것은 책의 페이지 수가 적든 많든 간에 커다란 일을 한 것입니다. 여러분들도 고통을 참고 공부했기에 한 권을 끝낼 수 있었을 거예요. 정말 장한 일을 하셨어요.

저는 여러분이 이 책을 한 번 보고 끝냈다며 덮어두지 말고 몇 페이지에 무슨 내용이 있는지 알 수 있을 정도로 완벽하게 공부하길 바랍니다. 분명 한 번 공부한 내용이라서 다음에는 더 빠른 속도로 책을 끝낼 수가 있을 거예요. 적어도 세 번 정도 이 책을 읽고 나면 기본 영문법을 비롯하여 기본회화나 독해능력까지도 모두 갖출 수 있을 거예요.

처음 책을 시작하면서 언급했듯이 영어 읽기를 소홀히 하지 마세요. 틈틈이 하권에 있는 《The last leaf》를 읽으세요. 그리고 시간에 여유가 있다면 영어 단편소설 한 권 정도를 읽으면서 마음의 양식도 쌓도록 하세요. 영어권 사람들의 문화, 감정, 영어표현, 습관 등을 익히면 앞으로 여러분들은 어떤 상황에 접하더라도 능숙하게 영어로 의사소통할 수 있을 거라고 확신합니다.

앞으로도 지속적으로 영어에 관심을 갖고, 더 넓은 세상에서 자신의 능력을 영어로 맘껏 표현할 수 있는 실력 있는 여러분이 되기를 진심으로 기원합니다.

"Suffering is what brings us toward happiness"
고통은 우리를 행복으로 이끄는 요소입니다

두암 마을에서 유동익

저자 ● 유동익

아주대학교 대학원에서 영문학석사, 명지대학교 대학원에서 영문학박사 학위를 받았으며 미국 프린스턴 대학교에서 연구 활동을 했습니다. 명지대학교, 수원여자대학교, 장안대학 등에서 강의를 했으며, 현재는 전문 번역가로 활동 중이십니다.

저서로는《한 번만 읽으면 확 잡히는 중학교 영어》가 있습니다.

한언의 사명선언문

Since 3rd day of January, 1998

Our Mission ─ 우리는 새로운 지식을 창출, 전파하여 전 인류가 이를 공유케 함으로써 인류문화의 발전과 행복에 이바지한다.

─ 우리는 끊임없이 학습하는 조직으로서 자신과 조직의 발전을 위해 쉼없이 노력하며, 궁극적으로는 세계적 컨텐츠 그룹을 지향한다.

─ 우리는 정신적, 물질적으로 최고 수준의 복지를 실현하기 위해 노력하며, 명실공히 초일류 사원들의 집합체로서 부끄럼없이 행동한다.

Our Vision 한언은 컨텐츠 기업의 선도적 성공모델이 된다.

저희 한언인들은 위와 같은 사명을 항상 가슴 속에 간직하고
좋은 책을 만들기 위해 최선을 다하고 있습니다.
독자 여러분의 아낌없는 충고와 격려를 부탁드립니다.
· 한언 가족 ·

HanEon's Mission statement

Our Mission ─ We create and broadcast new knowledge for the advancement and happiness of the whole human race.

─ We do our best to improve ourselves and the organization, with the ultimate goal of striving to be the best content group in the world.

─ We try to realize the highest quality of welfare system in both mental and physical ways and we behave in a manner that reflects our mission as proud members of HanEon Community.

Our Vision HanEon will be the leading Success Model of the content group.